中等职业教育会计专业系列

# 小企业会计实务

## XIAOQIYE KUAIJI SHIWU

◉主　编　夏文娟

副主编　曾述君

重庆大学出版社

## 内容提要

本书依据《小企业会计准则》的相关内容,结合小企业的日常经济活动,具体介绍了小企业主要经济业务的会计处理。全书分为认识小微企业、小微企业筹建核算、小微企业供应过程核算、小微企业生产过程核算、小微企业销售过程核算、小微企业利润形成及分配环节的核算、编制会计报表和小微企业综合模拟实训 8 个模块。本书紧密结合小企业工作实际和中职学生学习特点,注重通俗性、创新性和实践性。

本书可作为中等职业教育会计类及相关专业教材,也可作为在职会计人员培训、自学用书。

**图书在版编目(CIP)数据**

小企业会计实务/夏文娟主编.—重庆:重庆大学出版社,2015.1(2021.1 重印)
中等职业教育会计专业系列教材
ISBN 978-7-5624-8230-7

Ⅰ.①小… Ⅱ.①夏… Ⅲ.①中小企业—会计实务—中等专业学校—教材 Ⅳ.①F276.3

中国版本图书馆 CIP 数据核字(2014)第 152156 号

中等职业教育会计专业系列教材
### 小企业会计实务

主　编　夏文娟
副主编　曾述君
责任编辑:顾丽萍　　版式设计:顾丽萍
责任校对:谢　芳　　责任印制:张　策

\*

重庆大学出版社出版发行
出版人:饶帮华
社址:重庆市沙坪坝区大学城西路 21 号
邮编:401331
电话:(023) 88617190　88617185(中小学)
传真:(023) 88617186　88617166
网址:http://www.cqup.com.cn
邮箱:fxk@ cqup.com.cn (营销中心)
全国新华书店经销
重庆俊蒲印务有限公司印刷

\*

开本:720mm×960mm　1/16　印张:10.75　字数:205千
2015 年 1 月第 1 版　2021 年 1 月第 3 次印刷
印数:4001—5000
ISBN 978-7-5624-8230-7　定价:29.00元

# 前 言

    小企业是我国国民经济和社会发展的重要力量,加强小企业管理、促进小企业发展是保持国民经济平稳较快发展的重要基础,是关系民生和社会稳定的重大战略任务。为了提高小企业会计核算的质量,助力小企业发展,财政部于 2011 年颁布了《小企业会计准则》,要求从 2013 年开始执行,鼓励提前执行。《小企业会计准则》的发布,有利于加强小企业管理,促进小企业发展;有利于加强税收征管,防范金融风险;有利于健全企业会计标准体系,规范小企业会计行为。

    本书依据《小企业会计准则》的相关内容,结合小企业的日常经济活动,具体介绍了小企业主要经济业务的会计处理。全书分为认识小微企业、小微企业筹建核算、小微企业供应过程核算、小微企业生产过程核算、小微企业销售过程核算、小微企业利润形成及分配环节核算、编制会计报表、小微企业综合模拟实训 8 个模块。

    本书的内容有如下特点:

    1.通俗性

    全书以通俗易懂的文字阐述了小企业会计核算的相关方法。

    2.创新性

    (1)体例的创新。教材在每个模块的开头概述了本模块的主要内容及学习目标,便于学生把握知识重点,并指导学生的学习。

    (2)内容的创新。改变了过去纯理论的形式,每个知识点的介绍都配有实践性很强的案例,使教材更贴近会计实务。

3.实践性

书中每个模块最后都配有"学习评价",题型新颖,题量适当,旨在帮助学生提高会计业务能力。同时最后一个模块进行了小微企业经济业务综合模拟实训介绍。

本书由重庆市商务学校夏文娟担任主编,由重庆市商务学校曾述君担任副主编。具体编写分工如下:夏文娟编写了模块1和模块4,重庆市商务学校张晶编写了模块2和模块3,重庆市商务学校胡丹丹编写了模块5和模块6,曾述君编写了模块7和模块8。全书由夏文娟统撰定稿。

本书难免有疏漏之处,恳请读者批评指正,以便我们进一步修正和完善。联系邮箱:330760402@qq.com。

编　者

2014 年 9 月

# 目 录

# 模块 1
# 认识小微企业

## 模块综述

本模块介绍国家对小微企业的有关规定以及建立小微企业的基本流程。

## 知识与技能目标

1. 了解国家对小微企业的有关规定。
2. 理解建立小微企业的基本业务流程。
3. 掌握小微企业财务部门的人员构成以及岗位职责。

# 任务 1　模拟建立一个小微企业

## 任务概述

- 了解国家对小微企业认定的有关规定。
- 虚拟在工商行政机关的办理流程。
- 虚拟在开户银行的办理流程。
- 虚拟在税务机关的办理流程。

党的十八大报告提出,支持小微企业特别是科技型小微企业发展。这充分显示我们党对小微企业持续健康发展的高度重视。小微企业对国民经济和社会发展具有重要的战略意义,在增加就业、促进经济增长、科技创新与社会和谐稳定等方面,具有不可替代的作用。筑牢实体经济发展基础,推进经济结构战略性调整,离不开小微企业特别是科技型小微企业的健康发展。必须采取更有针对性的政策措施,进一步推动小微企业结构调整和创新发展,不断拓展市场开发的广度与深度,提高企业盈利水平和发展后劲,增强企业可持续发展能力。

中职财经专业学生就业单位主要为小微企业,那么,小微企业究竟是怎样的企业?

## 【相关知识】

### 1.1.1　认识小微企业

小微企业是小型企业、微型企业、家庭作坊式企业、个体工商户的统称,是由中国著名经济学家郎咸平教授提出的。2011 年 11 月,财政部和国家发改委发出通知,决定在未来 3 年免征小型微型企业 22 项行政事业性收费,以减轻小型微型企业的负担。

### [知识链接] 国家对小微企业的标准是如何规定的?

《中华人民共和国中小企业促进法》和《国务院关于进一步促进中小企业发展的若干意见》(国发〔2009〕36 号)规定,工信部等四部委出台中小企业划分标准,细分了企业规模类型,将企业分为大、中、小、微型。具体标准根据企业从业人员、营业收入、资产总额等指标,结合行业特点制定。本规定适用的行业包括:农、林、牧、渔业,工业(包括采矿业,制造业,电力、热力、燃气及水生产和供应业),建筑业,批发业,零售业,交通运输业(不含铁路运输业),仓储业,邮政业,住宿业,餐饮业,信息传输业(包括电信、互联网和相关服务),软件和信息技术服务业,房地产开发经营,物业管理,租赁和商务服务业,其他未列明行业(包括科学研究和技术服务业,水利、环境和公共设施管理业,居民服务、修理和其他服务业,社会工作,文化、体育和娱乐业等)。各行业划型标准为:

(一)农、林、牧、渔业。营业收入20 000万元以下的为中小微型企业。其中,营业收入500万元及以上的为中型企业,营业收入50万元及以上的为小型企业,营业收入50万元以下的为微型企业。

(二)工业。从业人员1 000人以下或营业收入40 000万元以下的为中小微型企业。其中,从业人员300人及以上,且营业收入2 000万元及以上的为中型企业;从业人员20人及以上,且营业收入300万元及以上的为小型企业;从业人员20人以下或营业收入300万元以下的为微型企业。

(三)建筑业。营业收入80 000万元以下或资产总额80 000万元以下的为中小微型企业。其中,营业收入6 000万元及以上,且资产总额5 000万元及以上的为中型企业;营业收入300万元及以上,且资产总额300万元及以上的为小型企业;营业收入300万元以下或资产总额300万元以下的为微型企业。

(四)批发业。从业人员200人以下或营业收入40 000万元以下的为中小微型企业。其中,从业人员20人及以上,且营业收入5 000万元及以上的为中型企业;从业人员5人及以上,且营业收入1 000万元及以上的为小型企业;从业人员5人以下或营业收入1 000万元以下的为微型企业。

(五)零售业。从业人员300人以下或营业收入20 000万元以下的为中小微型企业。其中,从业人员50人及以上,且营业收入500万元及以上的为中型企业;从业人员10人及以上,且营业收入100万元及以上的为小型企业;从业人员10人以下或营业收入100万元以下的为微型企业。

(六)交通运输业。从业人员1 000人以下或营业收入30 000万元以下的为中小微型企业。其中,从业人员300人及以上,且营业收入3 000万元及以上的为中型企业;从业人员20人及以上,且营业收入200万元及以上的为小型企业;从业人员20人以下或营业收入200万元以下的为微型企业。

(七)仓储业。从业人员200人以下或营业收入30 000万元以下的为中小微型企业。其中,从业人员100人及以上,且营业收入1 000万元及以上的为中型企业;从业人员20人及以上,且营业收入100万元及以上的为小型企业;从业人员20

人以下或营业收入100万元以下的为微型企业。

(八)邮政业。从业人员1 000人以下或营业收入30 000万元以下的为中小微型企业。其中,从业人员300人及以上,且营业收入2 000万元及以上的为中型企业;从业人员20人及以上,且营业收入100万元及以上的为小型企业;从业人员20人以下或营业收入100万元以下的为微型企业。

(九)住宿业。从业人员300人以下或营业收入10 000万元以下的为中小微型企业。其中,从业人员100人及以上,且营业收入2 000万元及以上的为中型企业;从业人员10人及以上,且营业收入100万元及以上的为小型企业;从业人员10人以下或营业收入100万元以下的为微型企业。

(十)餐饮业。从业人员300人以下或营业收入10 000万元以下的为中小微型企业。其中,从业人员100人及以上,且营业收入2 000万元及以上的为中型企业;从业人员10人及以上,且营业收入100万元及以上的为小型企业;从业人员10人以下或营业收入100万元以下的为微型企业。

(十一)信息传输业。从业人员2 000人以下或营业收入100 000万元以下的为中小微型企业。其中,从业人员100人及以上,且营业收入1 000万元及以上的为中型企业;从业人员10人及以上,且营业收入100万元及以上的为小型企业;从业人员10人以下或营业收入100万元以下的为微型企业。

(十二)软件和信息技术服务业。从业人员300人以下或营业收入10 000万元以下的为中小微型企业。其中,从业人员100人及以上,且营业收入1 000万元及以上的为中型企业;从业人员10人及以上,且营业收入50万元及以上的为小型企业;从业人员10人以下或营业收入50万元以下的为微型企业。

(十三)房地产开发经营。营业收入200 000万元以下或资产总额10 000万元以下的为中小微型企业。其中,营业收入1 000万元及以上,且资产总额5 000万元及以上的为中型企业;营业收入100万元及以上,且资产总额2 000万元及以上的为小型企业;营业收入100万元以下或资产总额2 000万元以下的为微型企业。

(十四)物业管理。从业人员1 000人以下或营业收入5 000万元以下的为中小微型企业。其中,从业人员300人及以上,且营业收入1 000万元及以上的为中型企业;从业人员100人及以上,且营业收入500万元及以上的为小型企业;从业人员100人以下或营业收入500万元以下的为微型企业。

(十五)租赁和商务服务业。从业人员300人以下或资产总额120 000万元以下的为中小微型企业。其中,从业人员100人及以上,且资产总额8 000万元及以上的为中型企业;从业人员10人及以上,且资产总额100万元及以上的为小型企业;从业人员 10 人以下或资产总额 100 万元以下的为微型企业。

（十六）其他未列明行业。从业人员 300 人以下的为中小微型企业。其中,从业人员 100 人及以上的为中型企业;从业人员 10 人及以上的为小型企业;从业人员 10 人以下的为微型企业。

【想一想】从上述知识中,你能总结出小微企业有哪些特征?

### 1.1.2　小微企业创立程序

**图 1.1　企业创立程序**

**表 1.1　企业创立程序的具体内容**

| 企业创立程序 | | 具体内容分析 |
| --- | --- | --- |
| 企业登记注册（包括企业设立登记和企业变更登记） | 申请开办 | 开办小微企业,应当由申请人向企业所在地的工商行政管理局提出申请,然后办理登记注册,同时如实填报"开办申请书" |
| | 申请开业登记 | 申请开办获准后,即可申请开业登记。根据国家工商局《工商企业登记管理条例实施细则》的规定,应在获准后 30 日内,向登记主管部门（即工商行政管理局）提出开业申请,并如实填写"开业申请登记表",主管部门应在受理申请后 30 日内给予答复 |
| | 领取营业执照 | |

续表

| 企业创立程序 | | 具体内容分析 |
|---|---|---|
| 银行开户与结算 | 提交开户证明 | 营业执照等相关证明 |
| | 填写开户申请表 | 企业名称、企业负责人、企业性质、企业地址、经营范围和开户理由 |
| | 填写印鉴卡片 | 印鉴卡片是银行或信用社审查结算凭证合法性的依据。印鉴卡片应注明开户企业名称、开户账号、企业地址、负责人和财会人员。另外,还要加盖有权鉴证人的私章和企业公章 |
| | 银行编发账户 | 账户是由银行根据隶属关系、资金性质,指定使用相应的科目,加上开户单位的顺序号组成 |
| | 货币结算 | 货币结算又分为现金结算和转账结算两种。《现金管理结算条例》规定了现金使用范围外的必须转账结算 |
| 税务登记和纳税 | 税务登记 | 税务登记包括开业登记、变更登记、重新登记和注销登记。纳税人领取营业执照后,应在规定期限内办理开业税务登记。我国《税收征收管理法》规定,应依法纳税的各企事业单位在领取营业执照之日起30日内,持有关证件到税务机关申报办理税务登记 |
| | 纳税申报 | 税法规定,纳税人无论有无应税收入和所得,扣缴义务人无论有无代扣代缴、代收代缴税款,都必须在税法、行政法规规定的期限内,到当地主管税务机关办理纳税申报,报送有关资料,比如纳税登记表、财务会计报表、代扣代缴税款报告表、代收代缴税款报告表等 |

## 【做一做】

每4~6人分为1组,模拟设立一家小型工业企业——东胜加工公司(简称东胜公司)。

东胜加工公司的情况如下:

名称:东胜加工公司(以下简称东胜公司)

所属行业:工业企业

注册资金:120万元

经营类型:生产制造

经营范围:刨花板、中(高)密度纤维板、胶合板

设立时间:2012年1月

详细地址:重庆市大渡口区建桥工业园

开户银行:工商银行大渡口支行

账号:912345678900

纳税人类型:一般纳税人

税务登记号:8230982310042168

# 任务2 构建虚拟的小微企业财务部门

## 任务概述

● 确定财务部门人员构成及岗位职责。

## 【相关知识】

### 1.2.1 公司财务部门的职能

①认真贯彻执行国家有关的财务管理制度。

②建立健全财务管理的各项规章制度,编制财务计划,加强经营核算管理,反映、分析财务计划的执行情况,发挥财务监督和服务职能。

③积极为经营管理服务,促进公司取得较好的经济效益。

④厉行节约,合理使用资金。

⑤合理分配公司收入,及时完成需要上缴的税收及管理费用。

⑥加强对有关机构(如财政、税务、银行部门)的了解,检查财务工作,主动提供有关资料,如实反映情况。

⑦完成公司交给的其他工作。

### 1.2.2 公司会计主管的职责

①编制和执行预算、财务收支计划、信贷计划,拟订资金筹措和使用方案,开辟财源,有效地使用资金。

②进行成本费用预测、计划、控制、核算、分析和考核,督促本公司有关部门降低消耗、节约费用、提高经济效益。

③建立健全经济核算制度,利用财务会计资料进行经济活动分析。

④承办公司领导交办的其他工作。

### 1.2.3 会计的主要职责

①按照国家会计制度的规定进行记账、算账、报账,做到手续完备、数据准确、账目清楚、按期报账。

②按照经济核算原则,定期检查、分析公司财务、成本和利润的执行情况,挖掘增收节支潜力,考核资金使用效果,及时向总经理提出合理化建议,当好公司参谋。

③妥善保管会计凭证、会计账簿、会计报表和其他会计资料。

④完成总经理或会计主管交付的其他工作。

财务部组织设计图如图 1.2 所示。

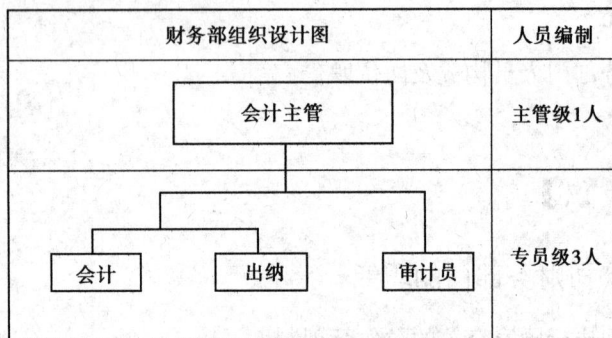

| 财务部组织设计图 | 人员编制 |
| --- | --- |
| 会计主管 | 主管级1人 |
| 会计　　出纳　　审计员 | 专员级3人 |

图 1.2 财务部组织设计图

### 1.2.4 出纳的主要工作职责

①认真执行现金管理制度。

②严格执行库存现金限额,超出部分必须及时送存银行,不坐支现金,不用白条冲抵现金。

③建立健全现金出纳各种账目,严格审核现金收付凭证。

④严格支票管理制度,编制支票使用手续,使用支票须经总经理签字后方可生效。

⑤积极配合银行做好对账、报账工作。

## 1.2.5 审计员的主要工作职责

①在会计主管的指导下,按照国家审计法规、公司财会审计制度的有关规定,负责拟订公司具体审计实施细则,经上级批准后组织执行。

②监督公司各部门及下属单位对各项财经规章制度的执行。

③控制、考核、纠正下属单位偏离公司整体财务目标计划的行为。

④负责或会同其他部门查处公司内滥用职权、有章不循、违反财务制度、贪污挪用财物、泄密、贿赂等行为。

⑤协助政府审计部门和会计师事务所对公司的独立审计。

⑥定期或不定期地进行必要的专项审计、专案审计和财务收支审计。

⑦负责或参与对公司重大经营活动、重大项目、重大经济合同的审计活动。

⑧负责对所有涉及的审计事项编写内部审计报告,提出处理意见和建议。

⑨负责做好有关审计资料的收集、整理和建档工作,按规定保守秘密,并保护当事人的合法权益。

⑩完成会计主管临时交办的其他任务。

## 【做一做】

各小组成员自行分工,分角色复述自己的工作职责,明确自己的工作任务。

## 【学习评价】

根据所学习的内容,填写学习评价表,如表 1.2 所示。

**表 1.2 学习评价表**

| 学习内容 | 学习效果评价 | | |
|---|---|---|---|
| 理解小微企业的划分标准 | 掌握（　　） | 基本掌握（　　） | 未掌握（　　） |
| 理解小微企业的设立程序 | 掌握（　　） | 基本掌握（　　） | 未掌握（　　） |
| 理解小微企业财务部门的分工 | 掌握（　　） | 基本掌握（　　） | 未掌握（　　） |

# 模块 2
# 小微企业筹建核算

## 模块综述

筹建过程是企业为进行生产、经营过程而进行的相应人力、物力、财力的准备,是开展生产经营活动的基础。

本模块学习小微企业筹建过程中的资金准备、资产构建、人员培训的相关核算。

## 知识与技能目标

1. 了解小微企业筹建过程核算的主要内容。
2. 理解筹建过程设置的主要账户。
3. 掌握小微企业在筹建过程中所发生的经济业务的基本核算。

# 任务 1　筹集资金

## 任务概述

- 小微企业筹资的渠道。
- 筹集资金的核算。

## 【相关知识】

### 2.1.1　小微企业筹资的渠道

小微企业为了进行正常的生产经营活动,必须拥有一定数量的资金。因此,通过各种资金来源渠道筹集资金,是小微企业生产经营活动的首要条件。小微企业筹集资金的渠道主要有两条:一是投资者投入;二是借入。

## 【知识窗】

小微企业筹资方式有如下几种:①吸收直接投资。②发行股票。作为小微企业,一般不能在主板市场上进行,只能在中小板及创业板市场上进行。③发行债券。④向银行借款。⑤商业信用。⑥政府扶持资金和财政补贴。除了这几种以外,也可采用民间借贷、股权质押、融资租赁、应收票据贴现、典当融资等方式进行筹资。

### 2.1.2　筹集资金的核算

#### 1)投入资金的核算

依法成立的企业必须要有所有者的投资,所有者对企业的投资就形成了企业的所有者权益。按照法律规定,企业接受的所有者投资既可以是国内的投资,也可以是境外的投资。投资人既可以是国家,也可以是法人或自然人。接受投资的形式既可以是现金,也可以是实物(包括建筑物、机器设备、商品和材料物资等)和无形资产。

企业接受投资者投资,一方面资产增加,另一方面所有者权益增加。因此,需要设置"银行存款""固定资产""无形资产"等账户来反映资产的增加,设置"实收资本"或"股本"等账户来反映所有者权益的增加。

（1）相关核算账户

"实收资本或股本"账户：属于所有者权益类账户，用来核算投资者投入资本的增减变动情况。所有者投入资本时增加，记入账户的贷方；因各种原因减少资本时，记入账户的借方；期末余额在贷方，表示企业实收资本的实有数额。该账户一般按投资人分别设置明细账户。

"资本公积"账户：属于所有者权益类账户，用来核算企业收到投资者出资超过注册资本中所占份额的部分。贷方登记企业资本公积的增加数；借方登记资本公积的减少数；期末余额在贷方，反映企业资本公积实有数。该账户设置资本（股本）溢价一个明细科目。

（2）账务处理

①接受现金资产投资。

【例2.1】 东胜公司收到 A 公司以货币资金投入的资本 6 000 000 元,已存入银行。

借：银行存款 6 000 000

　　贷：实收资本——A 公司 6 000 000

【例2.2】 东胜公司于 2013 年 2 月 13 日收到某外商投资者投入的 10 000 欧元,收存银行。已知交易当日汇率为 1 欧元 = 8.377 7 人民币元。

小微企业收到投资者以外币投入的资本,应当采用交易发生日即期汇率折算,不得采用合同约定汇率和交易当期平均汇率折算。

按照交易发生日汇率折算,应折合成人民币 = 10 000 × 8.377 7 = 83 777（元）

借：银行存款 83 777

　　贷：实收资本 83 777

②接受固定资产投资。

《小企业会计准则》规定,投资者投入固定资产的成本,应当按照评估价值和相关税费确定。

【例2.3】 东胜公司在设立时受到甲公司作为资本投入的不需要安装的设备一台,经资产评估师评估作价 200 000 元,增值税进项税为 34 000 元。

借：固定资产——设备 200 000

　　应交税费——应交增值税（进项税额） 34 000

　　贷：实收资本——甲公司 234 000

③接受无形资产投资。

《小企业会计准则》规定,投资者投入无形资产的成本,应当按照评估价值和相关税费确定。

【**例2.4**】　东胜公司接受B企业提供商标权作为投资,评估价80 000元,用银行存款支付了相关税费4 000元。

借:无形资产——商标权　　　　　　　　　　　　　84 000
　　贷:实收资本——B企业　　　　　　　　　　　　80 000
　　　　银行存款　　　　　　　　　　　　　　　　4 000

④接受材料物资投资。

《小企业会计准则》规定,投资者投入材料物资的成本,应当按照评估价值确定。

【**例2.5**】　东胜公司收到乙公司作为资本投入的原材料一批,经评估确认价值为700 000元,增值税专用发票上注明的增值税额为119 000元,材料已验收入库。

借:原材料　　　　　　　　　　　　　　　　　　700 000
　　应交税费——应交增值税(进项税额)　　　　119 000
　　贷:实收资本——乙公司　　　　　　　　　　819 000

【**试 一 试**】

东胜公司收到A公司作为资本投入的货币资金30 000元,收存银行,收到B公司作为资本投入的无形资产一项,评估作价50 000元。请进行东胜公司相关的账务处理。

⑤资本变动。

资本变动,主要指增资和减资。企业的资本不可随意增减,只有符合规定的条件,才能按规定的程序办理增资或减资手续。

增资指企业实收资本的增加。一般企业增加资本的途径主要有以下3种:

第一,资本公积转为实收资本。

【**例2.6**】　东胜公司经批准以资本公积80 000元转增资本。

借:资本公积　　　　　　　　　　　　　　　　　80 000
　　贷:实收资本　　　　　　　　　　　　　　　　80 000

第二,盈余公积转为实收资本。

【**例2.7**】　东胜公司有甲、乙、丙3个股东,其持股比例分别是25%,35%,40%,2013年2月12日企业将盈余公积2 000 000元增资资本。

借:盈余公积　　　　　　　　　　　　　　　　2 000 000
　　贷:实收资本——甲　　　　　　　　　　　　500 000
　　　　　　　　——乙　　　　　　　　　　　　700 000

　　　　　　　　——丙　　　　　　　　　　　　　　　　　　800 000

第三,追加投入。

在企业成立后,有所有者追加投入时,往往会涉及资本(股本)溢价的核算。

资本(股本)溢价是指企业在筹集资金的过程中,投资人的投入资本超过其注册资金的数额。产生资本(股本)溢价的原因是企业在创立时,投资者认缴的出资额都作为资本金记入"实收资本"科目。但在以后有新的投资者加入时,为了维护原有投资者的权益,新加入的投资者的出资额,并不一定全部作为资本金记入"实收资本"科目。这是因为企业初创时,要经过筹建、开拓市场等过程,从投入资金到取得投资回报,需要较长时间。在这个过程中,资本利润率较低,具有一定投资风险,经过正常生产经营以后,资本利润率要高于初创时期,同时企业也提留了一定的盈余公积金,使原有投资在质量上和数量上都发生了变化。所以新加入的投资者要付出大于原有投资者的出资额,才能取得与原有投资者相同的投资比例。

《小企业会计准则》规定,小微企业收到投资者以现金或者非货币性资产投入的资本,应当按照其在本企业注册资本中所占份额计入"实收资本"或"股本",超出的部分,应当计入"资本公积"。

【例2.8】　东胜股份有限公司发行普通股100 000股,每股面值1元,发行价格5元。假定股票发行成功,股款为500 000元已全部收存银行,不考虑发行过程中的税费等因素。

应计入"资本公积"科目的金额 = 500 000 – 100 000 = 400 000(元)

借:银行存款　　　　　　　　　　　　　　　　　　500 000
　　贷:股本　　　　　　　　　　　　　　　　　　　100 000
　　　资本公积——股本溢价　　　　　　　　　　　　400 000

## 【友情提示】

小微企业(股份有限公司)应当将"实收资本"科目的名称改为"股本"科目。

减资是指公司资本过剩或亏损严重,根据经营业务的实际情况,依法减少注册资本金的行为。

【例2.9】　东胜公司有甲、乙、丙3个股东,其持股比例分别是20%,30%,50%,2013年1月31日,按法定程序减资500 000元,全部以银行存款支付。

借:实收资本——甲　　　　　　　　　　　　　　　100 000
　　　　　　——乙　　　　　　　　　　　　　　　150 000
　　　　　　——丙　　　　　　　　　　　　　　　250 000
　　贷:银行存款　　　　　　　　　　　　　　　　　500 000

## 【友情提示】

小微企业(中外合作经营)根据合同规定在合作期间归还投资者的投资,应在"实收资本"科目下设置"已归还投资"明细科目进行核算。

## 【相关知识】

小微企业筹资活动之投入资金核算的常见账务处理如表2.1所示。

表2.1　小微企业筹资活动之投入资金核算的常见账务处理

| 收到投资者的投资 | 借:银行存款、固定资产、无形资产等<br>　　贷:实收资本或股本(在注册资本中所占的份额)<br>　　　　资本公积(差额) |
|---|---|
| 资本公积、盈余公积转增资本 | 借:资本公积或盈余公积<br>　　贷:实收资本 |
| 减少注册资本 | 借:实收资本<br>　　贷:银行存款、库存现金等 |

2)借入资金的核算

小微企业借入资金,可以通过发行债券、向银行借款等多种方式实现。其中向银行借款是小微企业筹资的一个很普遍的债务筹资方式。本书将主要介绍向银行借款的相关核算。

## 【知识窗】

小微企业向银行借款,具有筹资速度快、资金成本低、借款弹性好等优势。但是小微企业在银行借款方面往往存在着种种限制,借款条件较高,财务风险较高。

(1)相关核算账户

"短期借款"账户:属于负债类账户,用来核算企业向银行或其他金融机构借入的期限在1年(含1年)以下的各种借款。贷方登记借入的短期借款本金;借方登记偿还的短期借款本金;余额一般在贷方,表示企业尚未偿还的短期借款本金。该账户应按贷款单位设置明细账,并按借款种类进行明细核算。

"长期借款"账户:属于负债类账户,用来核算企业向银行或其他金融机构借入的期限在1年(不含1年)以上的各种借款。贷方登记借入的长期借款本金;借方登记偿还的长期借款本金;余额一般在贷方,表示企业尚未偿还的长期借款本金。该账户应按贷款单位设置明细账,并按借款种类进行明细核算。

(2)账务处理

①短期借款的取得及归还。

【例2.10】 东胜公司于2013年1月1日向银行借入一笔期限1个月的短期借款100 000元,到期归还本金。

2013年1月1日借入短期借款:

借:银行存款　　　　　　　　　　　　　　　　　　100 000
　　贷:短期借款　　　　　　　　　　　　　　　　　　100 000

2013年2月1日归还本金:

借:短期借款　　　　　　　　　　　　　　　　　　100 000
　　贷:银行存款　　　　　　　　　　　　　　　　　　100 000

②长期借款的取得及归还。

长期借款一般用于固定资产的构建、改扩建工程、大修理工程、对外投资以及为了保持长期经营能力等方面,是一种长期负债。

【例2.11】 东胜公司于2013年1月1日向银行借入一笔期限2年的长期借款500 000元,到期归还本金。

2013年1月1日借入长期借款:

借:银行存款　　　　　　　　　　　　　　　　　　500 000
　　贷:长期借款　　　　　　　　　　　　　　　　　　500 000

到期归还本金:

借:长期借款　　　　　　　　　　　　　　　　　　500 000
　　贷:银行存款　　　　　　　　　　　　　　　　　　500 000

## 【试一试】

东胜公司向建设银行借入一年期款项150万元存入银行,并到期归还本金。请进行东胜公司相关的账务处理。

## 【相关知识】

小微企业筹集资金之借入资金的常见账务处理如表2.2所示。

表2.2　小微企业筹集资金之借入资金的常见账务处理

| 向银行等金融机构借入资金 | 借:银行存款<br>　贷:短期借款或长期借款 |
|---|---|
| 归还向银行等金融机构的借入资金 | 借:短期借款或长期借款<br>　贷:银行存款 |

# 任务2　购建固定资产、无形资产

## 任务概述

- 固定资产的取得核算。
- 无形资产的取得核算。

## 【相关知识】

小微企业为了进行正常的生产经营活动,除了需要筹集一定数量的资金,还需要取得一定的固定资产进行必要的生产经营活动。固定资产是小微企业从事生产经营活动的必要条件,代表着小微企业的生产能力,一个小微企业拥有的固定资产的规模、质量、先进程度,决定着该企业产品的质量以及产品在市场上的竞争能力。

在知识经济时代,经济全球化进程在进一步加剧,无形资产的地位和作用正不断提升,无形资产可以增强企业的竞争力,因此无形资产对企业也很重要。

### 2.2.1　固定资产的取得核算

#### 1)认识固定资产

固定资产,是指小微企业为生产产品、提供劳务、出租或经营管理而持有的,使用寿命超过1年的有形资产。

小微企业的固定资产包括房屋、建筑物、机器、机械、运输工具、设备、器具、工具等,如图2.1所示是企业常见的固定资产。

固定资产的特征有:①固定资产是有形资产;②可供企业长期使用;③不以投资和销售为目的。

## 【友情提示】

比如以投资为目的的"投资性房地产";以销售为目的的"库存商品",均不是固定资产。

图 2.1 固定资产

### 2)固定资产的成本计量

固定资产应当按照成本进行计量,以取得固定资产发生的全部相关支出作为成本。但是,对于不同方式取得的固定资产,其成本构成不尽相同。小微企业取得固定资产的方式主要有 5 种:外购、自行建造、投资者投入、融资租入和盘盈。

①外购固定资产的成本包括:购买价款、相关税费、运输费、装卸费、保险费、安装费等,但不含按照税法规定可以抵扣的增值税进项税额。

以一笔款项购入多项没有单独标价的固定资产,应当按照各项固定资产或类似资产的市场价格或评估价值比例对总成本进行分配,分别确定各项固定资产的成本。

②自行建造固定资产的成本,由建造该项资产在竣工决算前发生的支出(含相关的借款费用)构成。

小微企业在建工程在试运转过程中形成的产品、副产品或试车收入冲减在建工程成本。

③投资者投入固定资产的成本,应当按照评估价值和相关税费确定。

④融资租入的固定资产的成本,应当按照租赁合同约定的付款总额和在签订租赁合同过程中发生的相关税费等确定。

⑤盘盈固定资产的成本,应当按照同类或者类似固定资产的市场价格或评估价值,扣除按照该项固定资产新旧程度估计的折旧后的余额确定。

3）固定资产的取得核算

（1）相关核算账户

"固定资产"账户：属于资产类账户，核算固定资产原值的增减变动情况。借方登记企业增加的固定资产的原值；贷方登记减少的固定资产的原值；余额在借方，表示现有的固定资产的原价。该账户按固定资产的项目或名称设置明细账。

## 【友情提示】

小微企业购置计算机硬件所附带的、未单独计价的软件，也通过本科目核算。

"在建工程"账户：属于资产类账户，用来核算企业基建、更新改造等在建工程发生的支出。该账户借方登记投入在建工程的各项支出增加数；贷方登记工程竣工，固定资产交付使用的工程成本数及冲减的在建工程成本等；借方余额表示尚未竣工的在建工程的实际成本。该账户按工程项目设置明细账户。

"工程物资"账户：属于资产类账户，用来核算企业为在建工程而准备的各种物资的实际成本。该账户借方登记企业购入工程物资的成本；贷方登记领用工程物资的成本；期末借方余额，反映企业为在建工程准备的各种物资的成本。

"待处理财产损溢"账户：属于资产类账户，用于核算企业在财产清查过程中查明的各种财产物资的盘盈、盘亏或毁损。企业所采购物资在运输途中因自然灾害等发生的损失或尚待查明的损耗，也通过本科目核算。该账户的借方，登记待处理财产盘亏或毁损数以及结转待处理财产的盘盈；贷方登记待处理财产盘盈数以及结转待处理财产盘亏或毁损数；月末如有借方余额，反映尚未处理的财产物资净损失；如有贷方余额，反映尚未处理的财产物资净溢余。该账户设置"待处理非流动资产损溢"和"待处理流动资产损溢"两个明细。

（2）账务处理

①外购固定资产。

小微企业购入不需要安装的固定资产，应当按照实际支付的价款、运输费、装卸费和其他相关税费，借记"固定资产"，按可以抵扣的增值税进项税额，借记"应交税费——应交增值税（进项税额）"科目，贷记"银行存款"等科目。

小微企业购入需要安装的固定资产，应在购入的固定资产取得成本的基础上加上安装调试成本，作为购入固定资产的成本，先通过"在建工程"账户核算，安装完成交付使用时，再由"在建工程"账户转入"固定资产"账户。

小微企业购入需要安装的固定资产，应当按照实际支付的价款、运输费、装卸费和其他相关税费，借记"在建工程"，按可以抵扣的增值税进项税额，借记"应交税费——应交增值税(进项税额)"科目,贷记"银行存款"等科目;支付安装费时,借记"在建工程",贷记"银行存款";安装完毕达到预定可使用状态,借记"固定资产",贷记"在建工程"。

## 【知识窗】

《增值税暂行条例》及《增值税暂行条例实施细则》规定:"2009年1月1日以后购进固定资产取得增值税发票可以抵扣销项税额,但购进用于非应税项目、免税项目、集体福利或者个人消费(包括纳税人的交际应酬消费和自用的应征消费税的摩托车、小汽车、游艇)的固定资产(含混用的机器设备)及属于营业税应税项目的不动产以及发生的不动产在建工程(包括新建、改建、扩建、修缮、装饰不动产的原料费和修理费)不允许抵扣进项税额。"

综上所述,能够抵扣进项税的固定资产主要是生产经营设备。

【例2.12】 2013年1月6日,东胜公司(增值税一般纳税人)购入一台不需要安装即可投入使用的设备,取得的增值税专用发票上注明的设备价款为30 000元,增值税税额为5 100元,另支付运杂费300元,包装费400元,款项以银行存款支付。

外购固定资产的成本 = 30 000 + 300 + 400 = 30 700(元)

借:固定资产      30 700

  应交税费——应交增值税(进项税额)      5 100

    贷:银行存款      35 800

【例2.13】 2013年1月16日,东胜公司(增值税一般纳税人)购入一台需要安装的专用设备,增值税专项发票上注明设备价款50 000元,应交增值税8 500元,支付运杂费、装卸费等合计2 100元,支付安装成本800元。以上款项均通过银行支付。

购入设备:

借:在建工程      52 100

  应交税费——应交增值税(进项税额)      8 500

    贷:银行存款      60 600

设备投入安装,并支付安装成本:

借:在建工程      800

    贷:银行存款      800

设备安装完毕,达到预定可使用状态:

借:固定资产——设备      52 900

    贷:在建工程      52 900

【例2.14】　东胜公司(增值税一般纳税人)购买某工厂的A,B,C 3台不同型号的生产设备,共计支付价款390 000元,增值税额为66 300元。经评估,上述三项资产的市场价格分别为150 000元、120 000元和130 000元。假定不考虑其他相关税费。

确定A,B,C的成本分配比例:

390 000÷(150 000+120 000+130 000)=0.975

A设备的购买成本=150 000×0.975=146 250(元)

B设备的购买成本=120 000×0.975=117 000(元)

C设备的购买成本=130 000×0.975=126 750(元)

账务处理:

| | |
|---|---|
| 借:固定资产——A设备 | 146 250 |
| ——B设备 | 117 000 |
| ——C设备 | 126 750 |
| 应交税费——应交增值税(进项税额) | 66 300 |
| 贷:银行存款 | 456 300 |

## 【试一试】

2013年2月6日,东胜公司(增值税一般纳税人)用银行存款购入一台需要安装的设备,增值税专用发票上注明的设备买价为200 000元,增值税额为34 000元,支付运杂费10 000元,安装费30 000元,请进行相关账务核算。

②自行建造固定资产。

企业自行建造固定资产,可分为自营工程和出包工程两种形式,由于采用的建设方式不同,其会计处理也不同。

自营工程是指企业自行组织工程物资采购、自行组织施工人员施工的建筑工程和安装工程。自营工程包括工程物资、工程工资和完工结算等核算内容。

自营工程领用工程物资,借记"在建工程"科目,贷记"工程物资"科目;在建工程使用本企业的产品或商品,应当按照成本,借记"在建工程"科目,贷记"库存商品"科目,同时,按照税法规定应交纳的增值税额,借记"在建工程"科目,贷记"应交税费——应交增值税(销项税额)"科目;在建工程应负担的职工薪酬,借记"在建工程"科目,贷记"应付职工薪酬"科目;在建工程在竣工决算前发生的借款利息,在应付利息日应当根据借款合同利率计算确定的利息费用,借记"在建工程"科目,贷记"应付利息"科目。办理竣工决算后发生的利息费用,在应付利息日,借记"财务费用"科目,贷记"应付利息"等科目;在建工程在试运转过程中发生的支出,借记"在建工程"科目,贷记"银行存款"等科目;形成的产品或者副产品对外销售或转为库存商品的,借记"银行存款""库存商品"等科目,贷记"在建工程"科目;自营工程办理竣工决算,借记"固定资产"科目,贷记"在建工程"科目。

【例2.15】 东胜公司自建办公楼,购入为工程准备的各种物资500 000元,支付增值税额为85 000元,全部用于工程建设。领用本企业生产的产品一批,实际成本为80 000元,税务部门确定的计税价格为100 000元,增值税率17%;工程人员应计工资100 000元,支付的其他费用30 000元。当年,工程完工并办理竣工决算。

购入工程物资、验收入库:

借:工程物资       585 000

  贷:银行存款       585 000

领用工程物资,投入自营工程:

借:在建工程       585 000

  贷:工程物资       585 000

领用库存产成品:

借:在建工程       97 000

  贷:库存商品       80 000

    应交税费——应交增值税(销项税额)       17 000

结转应由工程负担的直接人工费:

借:在建工程       100 000

  贷:应付职工薪酬——工资       100 000

支付工程的其他费用:

借:在建工程       30 000

  贷:银行存款       30 000

工程完工转入固定资产:

固定资产的成本 = 585 000 + 97 000 + 100 000 + 30 000 = 812 000(元)

借:固定资产——办公楼       812 000

  贷:在建工程       812 000

## 【试一试】

东胜公司2013年自行组织人力、物力建造加工生产线,建造过程中发生如下业务:1月1日购入为工程准备的各种物资350 000元,增值税595 000元,款项以银行存款支付;1月20日领用全部工程物资;1月30日结算应付工程人员工资36 800元,支付与工程有关的其他费用94 355元;2月28日工程完工,自制设备交付使用。

出包工程是指企业通过招标等方式将工程项目发包给建造商,由建造商组织施工的建筑工程和安装工程。出包工程应按照工程进度和合同规定结算的工程价款,借记"在建工程"科目,贷记"银行存款""预付账款"等科目。工程完工收到承包单位提供的账单,借记"固定资产"科目,贷记"在建工程"科目。

【例2.16】　东胜公司2013年1月1日将一栋厂房的建造工程出包给丙公司承建,1月15日,支付工程预付款200 000元,2月25日工程结束,支付剩余工程款300 000元。2月28日,厂房正式交付使用。

1月15日,账务处理:

| 借:预付账款 | 200 000 |
| 　　贷:银行存款 | 200 000 |

2月25日,账务处理:

| 借:在建工程 | 500 000 |
| 　　贷:预付账款 | 200 000 |
| 　　　　银行存款 | 300 000 |

2月28日,账务处理:

| 借:固定资产 | 500 000 |
| 　　贷:在建工程 | 500 000 |

③投资转入的固定资产。

【例2.17】　东胜公司2013年1月1日收到乙公司投入的固定资产一台,乙公司记录的该固定资产的账面原价为200 000元,已提折旧20 000元;甲公司接受投资时,双方协商按该固定资产评估价值150 000元确认投资额,乙公司承担并支付增值税税额25 500元。东胜公司的会计处理如下:

| 借:固定资产 | 150 000 |
| 　　应交税费——应交增值税(进项税额) | 25 500 |
| 　　贷:实收资本 | 150 000 |
| 　　　　资本公积 | 25 500 |

④盘盈固定资产。

《小企业会计准则》规定,对于盘盈取得的固定资产,在未查明原因前,通过"待处理财产损溢——待处理非流动资产损溢"科目核算。盘盈时,按同类或类似固定资产的市价或评估价值和扣除按照新旧程度估计的折旧后余额,借记"固定资产",贷记"待处理财产损溢——待处理非流动资产损溢";批准转销时,借记"待处理财产损溢——待处理非流动资产损溢",贷记"营业外收入"。

【例2.18】　东胜公司固定资产清查过程中盘盈机器一台,其同类机器目前的市场价格60 000元,估计成新率55%,经批准予以转销。

盘盈固定资产的入账价值 $= 60\ 000 \times 55\% = 33\ 000$（元）

盘盈固定资产：

借：固定资产             33 000

  贷：待处理财产损溢——待处理非流动资产损溢   33 000

批准转销：

借：待处理财产损溢——待处理非流动资产损溢   33 000

  贷：营业外收入            33 000

## 【相关知识】

固定资产取得的常见账务处理如表 2.3 所示。

表 2.3 固定资产取得的常见账务处理

| | |
|---|---|
| 外购不需安装<br>的固定资产 | 借：固定资产<br>  应交税费——应交增值税（进项税额）<br>  贷：银行存款等<br>注：如果增值税不能抵扣，则计入固定资产成本 |
| 外购需安装的<br>固定资产 | 借：在建工程<br>  应交税费——应交增值税（进项税额）<br>  贷：银行存款等<br>注：如果增值税不能抵扣，则计入固定资产成本<br>借：固定资产<br>  贷：在建工程 |
| 自建固定资产 | 借：在建工程<br>  贷：银行存款、工程物资、应付职工薪酬等<br>借：固定资产<br>  贷：在建工程 |
| 投资转入的<br>固定资产 | 借：固定资产<br>  应交税费——应交增值税（进项税额）<br>  贷：实收资本或股本（注册资本中所占份额）<br>    资本公积（资本溢价部分） |
| 盘盈的固定资产 | 借：固定资产<br>  贷：待处理财产损溢——待处理非流动资产损溢<br>借：待处理财产损溢——待处理非流动资产损溢<br>  贷：营业外收入 |

## 2.2.2　无形资产的取得核算

### 1）认识无形资产

无形资产是指小微企业为生产产品、提供劳务、出租或经营管理而持有的、没有实物形态的可辨认非货币性资产。

小微企业的无形资产包括：土地使用权、专利权、商标权、著作权、非专利技术、特许权等。具体内容如图2.2所示。

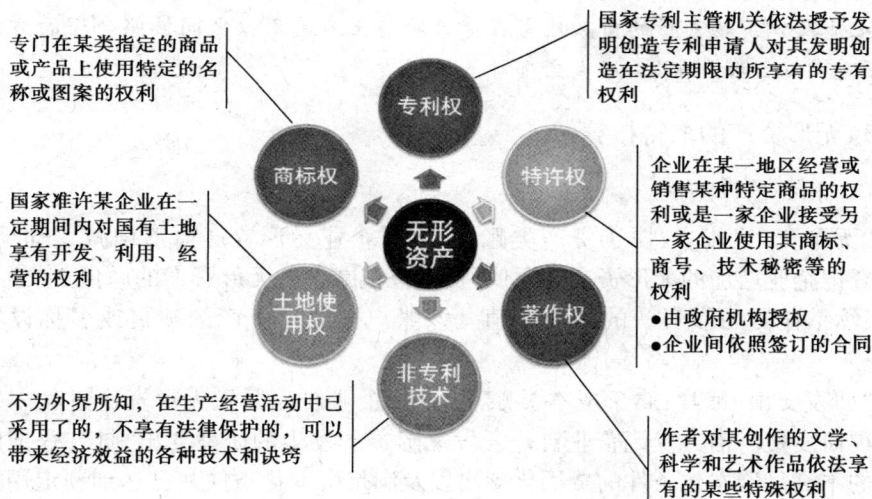

专门在某类指定的商品或产品上使用特定的名称或图案的权利

国家专利主管机关依法授予发明创造专利申请人对其发明创造在法定期限内所享有的专有权利

专利权

特许权

商标权

无形资产

国家准许某企业在一定期间内对国有土地享有开发、利用、经营的权利

企业在某一地区经营或销售某种特定商品的权利或是一家企业接受另一家企业使用其商标、商号、技术秘密等的权利
●由政府机构授权
●企业间依照签订的合同

土地使用权

著作权

非专利技术

不为外界所知，在生产经营活动中已采用了的，不享有法律保护的，可以带来经济效益的各种技术和诀窍

作者对其创作的文学、科学和艺术作品依法享有的某些特殊权利

图2.2　无形资产

## 【友情提示】

注意：商誉的存在无法与企业自身分离，不具有可辨认性，不属于无形资产。商誉是与无形资产平行的非流动资产。

无形资产的确认条件：该资源的有关经济利益很可能流入企业；该资源的成本或者价值能够可靠计量。比如企业的人力资源，其成本或者价值不能够可靠计量，不能作为无形资产。

### 2）无形资产的成本计量

小企业会计准则规定，无形资产应当按照成本进行计量。不同途径取得的无形资产,其实际成本的认定是不同的。

①外购无形资产的成本包括:购买价款、相关税费和相关的其他支出(含相关的借款费用)。

②投资者投入的无形资产的成本,应当按照评估价值和相关税费确定。

③自行开发的无形资产的成本,由符合资本化条件后至达到预定用途前发生的支出(含相关的借款费用)构成。

## 【友情提示】

自行开发建造厂房等建筑物,相关的土地使用权与建筑物应当分别进行处理。外购土地及建筑物支付的价款应当在建筑物与土地使用权之间按照合理的方法进行分配;难以合理分配的,应当全部计入固定资产。

### 3)无形资产的取得核算

(1)相关核算账户

"无形资产"账户:属于资产类账户,核算企业无形资产原值增减变动情况。借方登记企业增加的无形资产的原值;贷方登记减少的无形资产的原值;余额在借方,表示结存的无形资产的账面原值。该账户按无形资产的项目或名称设置明细账。

"研发支出"账户:属于成本类账户,核算企业研究开发无形资产过程中发生的各项研发费。借方登记企业自行开发无形资产发生的研发支出,贷方登记期末结转的不满足资本化条件的费用化支出以及满足资本化条件并已达到预定用途形成无形资产的资本化支出。期末借方余额反映正在进行研发的无形资产项目满足资本化条件的支出。该账户设置"费用化支出""资本化支出"两个明细账。

(2)账务处理

①外购无形资产。

外购无形资产按实际支付的价款、相关税费和相关的其他支出借记"无形资产"账户,贷记"银行存款"等账户。

【例2.19】 东胜公司因生产产品需要购入一项专利权,支付专利权转让费及有关手续费268 000元,企业用银行存款一次性付清。

借:无形资产——专利权　　　　　　　　　　　　　　　268 000
　　贷:银行存款　　　　　　　　　　　　　　　　　　　　268 000

【例2.20】 东胜公司购入一幢房产(包括占有的土地使用权),共用银行存款支付价款1 000万元。经相关机构评估,该项建筑物与占用的土地使用权价值相对比例为3∶2。

借：固定资产——建筑物　　　　　　　　　　　　　6 000 000

　　无形资产——土地使用权　　　　　　　　　　　4 000 000

　　贷：银行存款　　　　　　　　　　　　　　　　　　　10 000 000

## 【试一试】

东胜公司因经营业务需要,购入另一家公司商品商标,使用期限6年,开出支票一次性支付转让款1 290 000元,相关的法律手续已办好。

②投资者投入的无形资产。

投资者投入的无形资产的成本,应当按照评估价值和相关税费借记"无形资产"账户,按照该资产在注册资本中所占份额贷记"实收资本(股本)"账户,如有资本溢价部分贷记"资本公积"账户。

【例2.21】　东胜股份有限公司因业务发展的需要接受M公司以一项专利权向企业进行的投资。根据投资双方签订的投资合同,此项专利权评估价值280 000元,折合为公司的股票50 000股,每股面值1元。

借：无形资产——专利权　　　　　　　　　　　　　280 000

　　贷：股本　　　　　　　　　　　　　　　　　　　　50 000

　　　　资本公积——股本溢价　　　　　　　　　　　　230 000

## 【试一试】

东胜公司接受B公司投资转入的非专利技术一项,双方确认以评估价值560 000元入账,已办妥相关手续。请做出东胜公司的账务处理。

③自行开发的无形资产。

小微企业自行开发无形资产发生的支出,同时满足下列条件的,才能确认为无形资产:

第一,完成该无形资产以使其能够使用或出售在技术上具有可行性。

第二,具有完成该无形资产并使用或出售的意图。

第三,能够证明运用该无形资产生产的产品存在市场或无形资产自身存在市场,无形资产将在内部使用的,应当证明其有用性。

第四,有足够的技术、财务资源和其他资源支持,以完成该无形资产的开发,并有能力使用或出售该无形资产。

第五,归属于该无形资产开发阶段的支出能够可靠地计量。

自行开发的无形资产分为研究阶段和开发阶段。两阶段的定义、特点及费用计量如表2.4所示。

表2.4 研究阶段与开发阶段的区别

| 分 类 | 定 义 | 特 点 | 费用计量 |
|---|---|---|---|
| 研究阶段 | 指为获取新的技术和知识等进行的有计划的调查 | 计划性、探索性 | 计入当期损益 |
| 开发阶段 | 进行商业性生产和使用前,将研究成果或其他知识应用于某项计划或设计,以生产出新的或具有实质性改进的材料、装置和产品等 | 针对性、形成成果的可能性较大 | 计入无形资产的成本 |

自行研发的无形资产账务处理如图2.3所示。

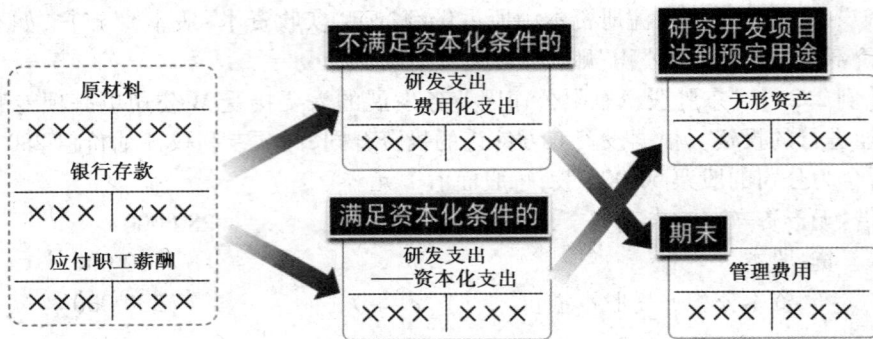

图2.3 自行研发的无形资产账务处理

【例2.22】 东胜公司因生产产品的需要,组织研究人员进行一项技术发明。在研发过程中发生材料费126 000元,应付研发人员薪酬82 000元,支付设备租金6 900元。根据我国会计准则的规定,上述各项支出应予以资本化的部分是134 500元,应予以费用化的部分是80 400元。另外,该项技术又成功申请了国家专利,在申请专利过程中发生注册费26 000元、聘请律师费6 500元。

费用化支出 = 80 400(元)

资本化支出 = 134 500 + 26 000 + 6 500 = 167 000(元)

研发支出发生时:

借:研发支出——费用化支出       80 400

     ——资本化支出      167 000

 贷:原材料           126 000

  应付职工薪酬        82 000

  银行存款          39 400

研发项目达到预定用途时：

| | | |
|---|---|---|
| 借：无形资产 | 167 000 | |
| 　贷：研发支出——资本化支出 | | 167 000 |

期末结转费用化支出时：

| | | |
|---|---|---|
| 借：管理费用 | 80 400 | |
| 　贷：研发支出——费用化支出 | | 80 400 |

## 【试一试】

东胜公司于 2013 年 3 月 1 日自行研究开发一项专利技术，研究开发过程中发生材料费 400 000 元、人工工资 100 000 元，以及用银行存款支付其他费用 300 000元，总计 800 000 元，其中，符合资本化条件的支出为 500 000 元。年末，该专利技术达到预定用途。假定不考虑相关税费，请为东胜公司进行相应的账务处理。

## 【相关知识】

无形资产取得的常见账务处理如表 2.5 所示。

表 2.5　无形资产取得的常见账务处理

| 外购无形资产 | 借：无形资产<br>　贷：银行存款等 |
|---|---|
| 投资者投入<br>无形资产 | 借：固定资产<br>　贷：实收资本或股本（注册资本中所占份额）<br>　　　资本公积（资本溢价部分） |
| 自行开发的<br>无形资产 | 发生支出：<br>借：研发支出——费用化支出<br>　　　　　　——资本化支出<br>　贷：原材料/应付职工薪酬/银行存款等<br>研发项目达到预定用途：<br>借：无形资产<br>　贷：研发支出——资本化支出<br>期末结转费用化支出：<br>借：管理费用<br>　贷：研发支出——费用化支出 |

## 任务3　员工培训

### 任务概述

● 筹建期间员工培训的核算。

## 【相关知识】

对企业来说，最重要的资产是人，而不是机器、设备和资金。被誉为"经营之王"的松下幸之助认为，"松下是制造人的，兼之制造电器"。由此可见，一个企业的筹建，员工培训是必不可少的。

《小企业会计准则》规定，小微企业在筹建期间内发生的开办费（包括相关人员的职工薪酬、办公费、培训费、差旅费、印刷费、注册登记费以及不计入固定资产成本的借款费用等费用）在实际发生时，借记"管理费用"科目，贷记"银行存款"等科目。

### 2.3.1　相关核算账户

"管理费用"账户：属于损益类账户，用来核算小微企业发生的除主营业务成本、主营业务税金及附加、其他业务支出、销售费用、财务费用、营业外支出的其他费用，包括小微企业在筹建期间内发生的开办费、行政管理部门在经营管理中发生的费用（包括行政管理部门职工薪酬、物料消耗、固定资产折旧、修理费、办公费和差旅费等）、聘请中介机构费、咨询费（含顾问费）、诉讼费、业务招待费、房产税、车船税、土地使用税、印花税、技术转让费、矿产资源补偿费、排污费等。借方登记发生的费用支出；贷方登记冲减的管理费用及期末结转到本年利润中的费用；期末结转后无余额。该账户可按管理费用的类进行明细核算。

## 【友情提示】

小微企业（商品流通）管理费用不多的，可不设置"管理费用"科目，本科目的核算内容可并入"销售费用"科目核算。

### 2.3.2　账务处理

【例2.23】　东胜公司筹建期间内发生了培训费5 000元，以银行存款支付。

借:管理费用　　　　　　　　　　　　　　　　　　5 000
　　贷:银行存款　　　　　　　　　　　　　　　　　　　5 000

## 【学习评价】

根据所学习的内容,填写下列学习评价表,如表2.6所示。

表2.6　学习评价表

| 学习内容 | 学习效果评价 |
| --- | --- |
| 理解小微企业筹资的渠道 | 掌握(　　)　基本掌握(　　)　未掌握(　　) |
| 投入资金的核算 | 掌握(　　)　基本掌握(　　)　未掌握(　　) |
| 借入资金的核算 | 掌握(　　)　基本掌握(　　)　未掌握(　　) |
| 理解固定资产 | 掌握(　　)　基本掌握(　　)　未掌握(　　) |
| 固定资产的取得核算 | 掌握(　　)　基本掌握(　　)　未掌握(　　) |
| 理解无形资产 | 掌握(　　)　基本掌握(　　)　未掌握(　　) |
| 无形资产的取得核算 | 掌握(　　)　基本掌握(　　)　未掌握(　　) |
| 筹建期间员工培训的核算 | 掌握(　　)　基本掌握(　　)　未掌握(　　) |

## 【任务检测】

一、填空题

1.小微企业筹集资金的渠道主要有两条:一是_____;二是_____。

2.小微企业收到投资者以外币投入的资本,应当采用_____折算。

3.《小企业会计准则》规定,小企业收到投资者以现金或者非货币性资产投入的资本,应当按照其在本企业注册资本中所占份额计入_____,超出的部分应当计入_____。

4.固定资产,是指小微企业为生产产品、提供劳务、出租或经营管理而持有的,使用寿命超过_____的有形资产。

5.投资者投入固定资产的成本,应当按照_____确定。

6.无形资产是指小微企业为_____、_____、_____或_____而持有的、没有实物形态的可辨认非货币性资产。

7.《小企业会计准则》规定,小微企业在筹建期间内发生的开办费在实际发生时,借记_____科目。

## 二、单项选择题

1. 小微企业固定资产盘盈时,应通过( )科目进行核算。

A."制造费用"  B."管理费用"

C."营业外收入"  D."以前年度损益调整"

2. 某企业购入设备一台,支付买价30万元,运杂费3 000元,途中保险费1 000元,包装费2 000元,发生安装调试费4 000元,则该项固定资产原值为( )万元。

A.30  B.30.5  C.30.6  D.31

3. 小微企业在建工程项目在试运转过程中形成的产品、副产品或试车收入应( )。

A.冲减工程成本  B.计入营业外收入

C.计入其他业务收入  D.冲减营业外支出

4. 甲公司为增值税一般纳税人,采用自营方式建造一厂房,实际领用工程物资400万元(含增值税)。另外领用本公司自产的产品一批,账面价值为240万元,计税价格为300万元,该产品适用的增值税税率为17%;发生的在建工程人员工资和应付福利费分别为150万元和21万元。假定该生产线已达到预定可使用状态;不考虑除增值税以外的其他相关税费。该厂房的入账价值为( )万元。

A.922  B.862  C.811  D.751

5. 企业进行研究与开发无形资产过程中发生的各项支出,应计入的会计科目是( )。

A.无形资产  B.管理费用  C.研发支出  D.销售费用

6. 无形资产是指企业拥有或控制的没有实物形态的可辨认非货币资产。无形资产不包括的内容有( )。

A.商誉  B.土地使用权  C.专利权  D.非专利技术

7. A公司为甲、乙两个股东共同投资设立的股份有限公司。经营一年后,甲、乙股东之外的另一个投资者丙要求加入A公司。经协商,甲、乙同意丙以一项非专利技术作价100万元投入,经评估该非专利技术价值是150万元,该项非专利技术在丙公司的账面余额为120万元。那么该项非专利技术在A公司的入账价值为( )万元。

A.100  B.120  C.0  D.150

## 三、多项选择题

1. 外购固定资产的成本包括( )。

A.购买价款  B.可以抵扣的增值税进项税额

C.装卸费　　　　　　　　　　D.安装费

2.企业自建仓库一座,发生下列费用,应通过"在建工程"核算的是(　　　　　)。

A.领用工程物资 260 000 元

B.支付工程人员工资 35 000 元

C.竣工决算前的工程借款利息支出 12 000 元

D.竣工决算后的工程借款利息支出 9 000 元

3.开办费包括企业筹建期间的(　　　　　　)。

A.人员工资　　　　　　　　　B.培训费

C.购置固定资产的成本　　　　D.办公费

#### 四、业务核算题

1.企业向银行借入 2 年期借款,钱存入银行存款账户。

2.某企业注册资本为 200 万元,根据合同,投资者甲应投入资本 120 万元,乙投入 50 万元,丙投入 30 万元。企业实际收到甲投资的货币资金 120 万元,存入银行;乙投入一台设备,评估价值为 52 万元;丙以一项专利权投入,评估价值为 30 万元。请编制东胜公司接受投资时的账务处理。

3.某企业为增值税一般纳税人,购入不需安装的车床一台,取得的增值税专用发票上注明的价款 2 000 000 元,增值税款 340 000 元,款项以现金支票支付。

4.某企业为增值税一般纳税人,开出商业承兑汇票购入一套需要安装的生产设备,增值税专用发票上注明的价款 100 000 元,增值税款 17 000 元。另用现金支付包装费 500 元。该设备运抵企业后,用银行存款支付安装费 2 000 元。上述设备安装完毕投入使用。

5.某企业为增值税一般纳税人。为建造厂房,外购工程物资 4 000 千克,每千克 25 元,增值税 17 000 元,款项以转账支票支付。该工程随即领用了上述全部工程物资。

6.企业计提本月基建工程工人工资 7 000 元。

7.企业采用出包的形式建造厂房,用银行存款预付工程款 200 000 元。

8.企业购入一项商标权,以支票支付价款 45 000 元。

9.企业开具现金支票支付筹建期间员工培训费 8 000 元。

10.企业组织研究人员研发一项非专利技术。在研究过程中领用材料 10 000元,在开发过程中,应负担的研发人员工资 2 000 元。该项非专利技术研发成功,满足无形资产确认条件。

# 模块 3
# 小微企业供应过程核算

## 模块综述

　　供应过程又称采购过程,是指从采购材料物资开始,直到材料物资验收入库为止的整个过程。这一过程是企业的货币资金转变为生产储备资金的过程,是为生产产品采购和储备原料的过程。它是企业再生产三个过程(供应、生产、销售)中的第一个过程。

　　本模块学习小微企业购入物资,与供货单位办理价款结算,确定物资的采购成本,将物资验收入库形成物资储备的相关计算及核算。

## 知识与技能目标

1. 了解供应过程核算的主要内容。

2. 理解供应过程设置的主要账户。

3. 掌握小微企业在供应过程中所发生的经济业务的基本核算。

4. 掌握小微企业材料物资采购费用分配的计算方法。

# 任务　材料物资的采购

## 任务概述

- 实际成本核算法下材料物资的采购、入库核算。
- 计划成本核算法下材料物资的采购、入库核算。

## 【相关知识】

俗话说"巧妇难为无米之炊",材料物资的采购直接影响产品的质量和成本,进而对企业生产、发展起到举足轻重的影响。企业采购的材料物资主要包括各种原材料、低值易耗品、包装物等。

### 3.1.1　材料物资采购成本的确定

小企业采购的材料物资,应当按照成本进行计量。构成材料物资采购成本的项目包括:

①买价(供应单位发票价格)。

②运杂费(包括运输、装卸、保险、包装、仓储等费用)。

③运输途中合理损耗。

④入库前的挑选整理费(包括挑选过程中的工资、损耗等)。

⑤购入的材料物资应负担的税金(包括进口关税、消费税、资源税、不能抵扣的增值税)及其他费用。

## 【友情提示】

1. 小企业(批发业、零售业)在购买商品过程中发生的费用(包括运输费、装卸费、包装费、保险费、运输途中的合理损耗和入库前的挑选整理费等),在"销售费用"科目核算,不计入物资采购成本。

2. 按照税法规定可以抵扣的增值税进项税额,不能计入材料物资的采购成本,应计入应交税费——应交增值税(进项税额)的借方。

### 3.1.2　材料物资采购流程

材料物资采购流程如图 3.1 所示。

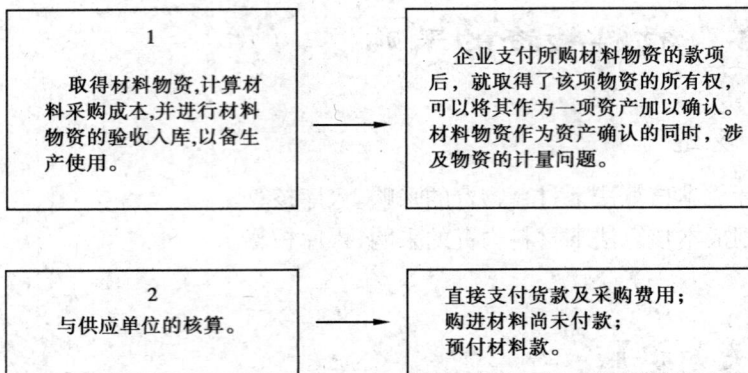

图 3.1　材料物资采购

### 3.1.3　材料物资采购的核算

材料物资的日常收发,可以采用实际成本核算,也可以采用计划成本核算。

**1)采用实际成本核算**

实际成本法是指材料物资的收入及结存,均按实际成本计价。

**(1)相关核算账户**

"在途物资"账户:属于资产类账户,用来核算企业采用实际成本进行材料、物资的日常核算而购入的在途物资的采购成本。借方登记购入的在途物资的实际成本;贷方登记验收入库的在途物资的实际成本;期末余额在借方,反映企业在途物资的采购成本。该账户可按材料品种或规格开设明细账户。

"原材料"账户:属于资产类账户,用来核算各种库存材料收入、发出及结存情况。在实际成本核算下,该账户借方登记验收入库材料的成本;贷方登记发出材料的成本;期末余额在借方,反映企业库存材料的实际成本。该账户可按材料品种或规格开设明细账户。

周转材料:属于资产类账户,用来核算企业库存的周转材料的实际成本或计划成本。借方登记企业周转材料成本的增加数;贷方登记企业周转材料成本的减少数;余额在借方,反映企业在库、出租、出借周转材料的实际成本或计划成本以及在用周转材料的摊余价值。该账户可按周转材料的种类开设明细账户。

"应付账款"账户:属于负债类账户,用来核算企业因购买材料、商品和接受劳务等经营活动应支付的款项。贷方登记因购买材料、商品、接受劳务而应付给供应单位的款项;借方登记偿还的给供应单位的款项;期末余额在贷方,反映企业尚未偿还的款项。该账户可按材料品种或规格开设明细账户。该账户可按供应单位开设明细账户。

## 【友情提示】

确实无法支付的应付账款,应计入营业外收入。

"预付账款"账户:属于资产类账户,用来核算企业按照购货合同规定预付给供应单位的款项。借方登记预付及补付的购货款;贷方登记收到所购物资冲销的购货款及收回多付款项的金额;期末余额在借方,反映企业实际预付的款项,期末余额在贷方,反映企业应付或应补付的款项。该账户可按供应单位开设明细账户。

## 【友情提示】

对于预付款项不多的企业,可以不设"预付账款",直接并入"应付账款"核算。

"应付票据"账户:属于负债类账户,用来核算企业对外发生债务时开出并承兑的商业承兑汇票或银行承兑汇票的增减变动及其结余情况。贷方登记开出、承兑的商业汇票;借方登记票据到期支付的款项;期末余额在贷方,反映尚未支付的应付票据金额。

"应交税费——应交增值税"账户:属于负债类账户,用来核算企业按照税法规定计算交纳的增值税的相关情况。贷方登记企业销售货物或提供应税劳务而收到的增值税销项税额等内容;借方登记企业购进货物或接受劳务供应而支付增值税额和实际交纳的增值税额等内容;期末余额在借方,反映多交或尚未抵扣的进项税额,期末余额在贷方,反映未交的增值税额。该科目下设进项税额、已交税金、减免税款、出口抵减内销产品应纳税额、转出未交增值税、销项税额、出口退税、进项税额转出、转出多交增值税等三级明细。

（2）账务处理

①购入材料的账务处理。

外购材料时,由于结算方式和采购地点的不同,材料入库和货款的支付在时间上并不一定同步,相应地,其账务处理也会有所不同。归纳起来,有如下三种方式:

第一,发票账单和原材料同时到达企业。

此种情况,应在材料验收入库后进行相应的账务处理。

【例3.1】　东胜公司(原材料采用实际成本核算)2013年1月1日从C企业购入一批乙材料,货款30 000元,取得增值税专用发票上注明的增值税款5 100元,材料随即验收入库,开出期限1个月的商业承兑汇票。

2013年1月1日购料:

借:原材料——乙材料           30 000

  应交税费——应交增值税(进项税额)    5 100

  贷:应付票据——C 企业          35 100

2013 年 2 月 1 日票据到期,东胜企业如期付款:

借:应付票据——C 企业           35 100

  贷:银行存款              35 100

2013 年 2 月 1 日票据到期,假如东胜企业无力付款:

借:应付票据——C 企业           35 100

  贷:应付账款——C 企业          35 100

【例3.2】 东胜公司(原材料采用实际成本核算)从 A 企业购入甲材料16 000千克,单价15 元,购入乙材料4 000 千克,单价18 元,货款共计312 000 元,增值税53 040 元,A 企业代垫两种材料的运杂费68 000 元,运杂费按材料重量比例分配计入材料的采购成本,材料验收入库,银行结算凭证已到,款项尚未支付。

甲乙材料应负担的运杂费分配率 $= 68\ 000/(16\ 000 + 4\ 000) = 3.4$

甲材料应负担的运杂费 $= 3.4 \times 16\ 000 = 54\ 400(元)$

乙材料应负担的运杂费 $= 3.4 \times 4\ 000 = 13\ 600(元)$

甲材料的采购成本 $= 16\ 000 \times 15 + 54\ 400 = 294\ 400(元)$

乙材料的采购成本 $= 4\ 000 \times 18 + 13\ 600 = 85\ 600(元)$

借:原材料——甲材料          294 400

    ——乙材料          85 600

  应交税费——应交增值税(进项税额)    53 040

  贷:应付账款——A 企业         433 040

销货企业为了鼓励客户尽早付款,可能给予一定现金折扣。所谓现金折扣是指为了鼓励客户在一定期限内早日偿还货款而给予客户的折扣优惠。如下的现金折扣的表示方式2/10,1/20,n/30,代表的是 10 天内付款享受 2% 的优惠,20 天内付款享受 1% 的优惠,30 天内付款无优惠。

我国现金折扣采用总价法进行核算,付款企业在折扣期限内享受的优惠冲减当期财务费用。

【例3.3】 接例3.2,A 企业为鼓励东胜企业及早付款,对购货款给予如下现金折扣1/10,n/20(不考虑增值税)。

东胜公司如果在 10 天内付款,可以享受 1% 的折扣。

东胜公司可以享受的现金折扣 $= 31\ 200 \times 1\% = 3\ 120(元)$

10 天内付款,东胜公司应支付的款项 $= 433\ 040 - 3\ 120 = 429\ 920(元)$

借:应付账款——A 企业         433 040

　　贷：银行存款　　　　　　　　　　　　　　　　　429 920
　　　　财务费用　　　　　　　　　　　　　　　　　　 3 120
东胜公司如果在20天内付款,无折扣,付全款。
　　借：应付账款——A企业　　　　　　　　　　　　 433 040
　　　　贷：银行存款　　　　　　　　　　　　　　　　433 040

【例3.4】　东胜公司(原材料采用实际成本核算)与M厂的购销合同规定,东胜公司购买A材料向该厂预付150 000元,已通过汇兑方式汇出。
　　借：预付账款——M厂　　　　　　　　　　　　　 150 000
　　　　贷：银行存款　　　　　　　　　　　　　　　　150 000

【例3.5】　接例3.4,东胜公司收到M厂发来的A材料,验收入库。该批材料价款300 000元,增值税额为51 000元,对方代垫包装费3 000元,所欠款项用银行存款付讫。

材料的采购成本 = 300 000 + 3 000 = 303 000(元)

材料入库:
　　借：原材料——乙材料　　　　　　　　　　　　　303 000
　　　　应交税费——应交增值税(进项税额)　　　　 51 000
　　　　贷：预付账款——M厂　　　　　　　　　　　 354 000

补付货款:
　　借：预付账款——M厂　　　　　　　　　　　　　204 000
　　　　贷：银行存款　　　　　　　　　　　　　　　　204 000

## 【试一试】

　　假如上题中东胜公司(原材料采用实际成本核算)收到M厂发来的A材料,验收入库。该批材料价款30 000元,增值税额为5 100元,对方代垫包装费3 000元,多余款项已收回银行存款账户。东胜公司该进行怎样的账务处理?

　　第二,发票账单到达企业原材料未到。

　　此种情况,应根据发票账单等结算凭证进行相应的账务处理。等材料验收入库时,再根据收料单进行相应的账务处理。

【例3.6】　2013年1月1日东胜公司(原材料采用实际成本核算)购入甲材料一批,货款50 000元,取得增值税专用发票上注明的增值税款8 500元,运杂费1 000元,入库前的挑选整理费1 000元,款项全部以银行存款支付,材料尚未到达。

材料的采购成本 = 50 000 + 1 000 + 1 000 = 52 000(元)

　　借：在途物资——甲材料　　　　　　　　　　　　 52 000

  应交税费——应交增值税(进项税额)     8 500

   贷:银行存款           60 500

  2013 年 1 月 19 日上述材料到达,验收入库。

  借:原材料——甲材料        52 000

   贷:在途物资——甲材料      52 000

### 【试一试】

  东胜公司(原材料采用实际成本核算)于 2013 年 2 月 18 日购入乙材料一批,货款 1 000 元,取得增值税专用发票上注明的增值税款 170 元,运杂费 30 元,款项未支付,材料尚未到达。2013 年 2 月 24 日,材料到达验收入库。请做出东胜公司相应的账务处理。

  第三,原材料到达企业发票账单未到。

  此种情况下,在没有收到发票账单等结算凭证前先不做账务处理;月末,如果发票等结算凭证仍未收到,则应按材料的暂估价值,借记"原材料"账户,贷记"应付账款——暂估应付账款"账户;下月初先用红字做同样的记账凭证予以冲回;待收到发票账单等结算凭证后,再按实际金额,借记"原材料"账户,"应交税费——应交增值税(进项税额)"账户,贷记"银行存款"等相关账户。

  【例 3.7】 2013 年 1 月 26 日东胜公司(原材料采用实际成本核算)从甲企业购入 A 料 600 千克,材料随即验收入库,月末发票账单未到,暂估价值 29 000 元。

  借:原材料           29 000

   贷:应付账款——暂估应付账款     29 000

  下月初做相反的会计分录予以冲回:

  借:应付账款——暂估应付账款     29 000

   贷:原材料          29 000

  【例 3.8】 接上例,2013 年 2 月 5 日企业收到发票账单,上面注明价款 30 000 元,增值税款 5 100 元。收到发票当日,企业用银行存款支付了该笔款项。

  借:原材料——A 材料       30 000

   应交税费——应交增值税(进项税额)    5 100

   贷:银行存款          35 100

### 【试一试】

  东胜公司(原材料采用实际成本核算)于 2013 年 2 月 25 日购 A 材料一批,材料验收入库,月末发票账单未到,暂估价值 6 000 元。2013 年 3 月 2 日收到发票账单,上面注明价款7 000元,增值税款1 190元。收到发票当日,企业开出商业汇票结算货款。请做出东胜公司月末材料暂估入库、下月初红字冲回及开出商业汇票结算货款的相关会计分录。

②购入低值易耗品、包装物等物资的账务处理。

企业进行生产经营活动,除了采购原材料,也要购入必需的低值易耗品、包装物等周转材料。

周转材料是小企业能够多次使用、逐渐转移其价值但仍保持原有形态且不确认为固定资产的各类材料。小企业的周转材料主要包括包装物,低值易耗品,小建筑企业的钢模板、木模板、脚手架等。

低值易耗品是小企业在业务经营过程中所必需的单项价值比较低或使用年限比较短,不能作为固定资产核算的物质设备和劳动资料等各种用具物品,如工具、管理用具、玻璃器皿、劳动用具以及在企业生产经营过程中周转使用的包装容器等。

包装物是指企业为了包装本企业的商品、产品而储备的各种包装容器,如桶、箱、瓶、坛、袋等。

## 【友情提示】

第一,单位价值比较小或不能周转使用的各种包装材料(如纸、绳、铁丝、铁皮等)不属于包装物,属于低值易耗品。

第二,用于储存和保管产品、商品、材料不对外出售的包装物,一般按其价值大小和使用年限长短,分别在"固定资产"或"周转材料——低值易耗品"账户核算。

第三,单独列作企业商品、产品的自制包装物,一般作为"库存商品"处理。

购入低值易耗品、包装物等周转材料的账务处理与购入原材料的账务处理相似,验收入库时计入"周转材料"账户的借方。

【例3.9】　东胜公司(周转材料采用实际成本核算)购入一批生产工具并验收入库,收到的增值税专用发票上注明的价款500元,增值税款85元,款项已通过银行存款支付。

借:周转材料——低值易耗品　　　　　　　　　　　　　　　500
　　应交税费——应交增值税(进项税额)　　　　　　　　　　85
　　　贷:银行存款　　　　　　　　　　　　　　　　　　　　　　585

【例3.10】　东胜公司(周转材料采用实际成本核算)购入一批包装物,发票账单已到,但包装物尚未到达。收到的增值税专用发票上注明的价款10 000元,增值税款1 700元,款项尚未支付。

```
借:在途物资——包装物                                    10 000
  应交税费——应交增值税(进项税额)                        1 700
  贷:应付账款                                         11 700
```
包装物验收入库:
```
借:周转材料——包装物                                    10 000
  贷:在途物资——包装物                                  10 000
```

## 【试一试】

东胜公司(周转材料采用实际成本核算)采用商业汇票结算方式购入包装物一批并验收入库。增值税专用发票上注明的价款 4 000 元,增值税款 680 元。

③购进材料物资短缺和损耗的账务处理。

企业购入材料验收入库时,可能会发现短缺或毁损,材料短缺或毁损的原因不同,其损失的承担者不同,账务处理也不同。

第一,属于合理损耗。

该种情况视同提高入库材料的单位成本,不另做账务处理。

【例3.11】 东胜公司(原材料采用实际成本核算)从 A 公司处外购材料一批,单价 100 元/千克,数量 50 千克,增值税率 17%,款项尚未支付。此时,账务处理为:
```
借:在途物资                                          5 000
  应交税费——应交增值税(进项税额)                        850
  贷:应付账款——A 公司                                 5 850
```

【例3.12】 接例3.11,东胜公司一个月后收到材料 45 千克。经查明属于合理损耗。
```
借:原材料                                            5 000
  贷:在途物资                                         5 000
```

此种情况下,"不另做账务处理",相当于如数收到原材料的账务处理。但由于验收入库材料实际数量为 45 千克,因此材料的单位成本变为 5 000 ÷ 45 = 111.11元,大于之前的 5 000 ÷ 50 = 100 元,所以视同为提高入库材料的单位成本。

第二,明确属于供应单位、外部运输机构责任,应由其赔偿。

核算时按实际收到的材料借记"原材料",按收回的赔偿借记"应付账款""其他应收款""银行存款"等科目,贷记"在途物资",短缺部分材料应转出的进项税,贷记"应交税费——应交增值税(进项税额转出)"。

## 【知识窗】

《增值税暂行条例》第十条规定,当纳税人购进的货物或接受的应税劳务不是用于增值税应税项目,而是用于非应税项目、免税项目或用于集体福利、个人消费等情况时,其支付的进项税就不能从销项税额中抵扣。

实际工作中,经常存在纳税人当期购进的货物或应税劳务事先并未确定将用于生产或非生产经营,但其进项税税额已在当期销项税额中进行了抵扣,当已抵扣进项税税额的购进货物或应税劳务改变用途,用于非应税项目、免税项目、集体福利或个人消费等,购进货物发生非正常损失,在产品和产成品发生非正常损失时,应将购进货物或应税劳务的进项税税额从当期发生的进项税税额中扣除,在会计处理中记入"进项税额转出"。

【例3.13】　接例3.11,东胜公司一个月后收到材料45千克。确定属于西北运输公司责任,其同意赔偿。

应转出的进项税 $= 5 \times 100 \times 17\% = 85$（元）

| | | |
|---|---|---|
| 借:原材料 | 4 500 | |
| 其他应收款——西北运输公司 | 585 | |
| 贷:在途物资 | | 5 000 |
| 应交税费——应交增值税(进项税额转出) | | 85 |

【例3.14】　接例3.11,东胜公司一个月后收到材料45千克。确定属于供货方A公司的责任,其同意赔偿。

| | | |
|---|---|---|
| 借:原材料 | 4 500 | |
| 应付账款——A公司 | 585 | |
| 贷:在途物资 | | 5 000 |
| 应交税费——应交增值税(进项税额转出) | | 85 |

第三,遭受自然灾害发生的损失和尚待查明原因的途中损耗。

应当作为待处理财产损溢进行核算,查明原因后再做处理。

查明原因后处理方式如下:

属于应由过失人负责赔偿的,将其损失从"待处理财产损溢"科目转入"应付账款"或"其他应收款"科目;得不到赔偿的部分转入"管理费用"科目。

属于自然灾害造成的损失,应按扣除残料价值和保险公司赔偿后的净损失,从"待处理财产损溢"科目转入"营业外支出——非常损失"科目。

【例3.15】　接例3.11,东胜公司一个月后收到材料45千克。属于超定额损耗,暂未查明原因。

借:原材料 4 500

  待处理财产损溢——待处理流动资产损溢 500

  贷:在途物资 5 000

【例 3.16】 接例 3.15,该批材料短缺原因现已查明,属于铁路部门责任,其同意赔偿 550 元。

借:其他应收款——铁路单位 550

  管理费用 35

  贷:待处理财产损溢——待处理流动资产损溢 500

   应交税费——应交增值税(进项税额转出) 85

【例 3.17】 接例 3.15,材料短缺属于自然灾害造成,保险公司同意赔偿 400 元。

借:其他应收款——保险公司 400

  营业外支出——非常损失 100

  贷:待处理财产损溢——待处理流动资产损溢 500

## 【友情提示】

根据《增值税暂行条例实施细则》,因不可抗力造成的损失不需要做进项税额转出。因管理不善造成被盗、丢失、霉烂变质的损失,需要做进项税额转出。

## 【相关知识】

实际成本核算下材料物资采购、入库的相关账务处理如表 3.1 所示。

表 3.1　实际成本核算下材料物资采购、入库的相关账务处理

| 发票账单和材料物资同时到达 | 借:原材料/周转材料<br>  应交税费——应交增值税(进项税额)<br>  贷:银行存款/应付票据/应付账款等 |
|---|---|
| 发票账单到达,材料物资未到 | 采购时:<br>借:在途物资<br>  应交税费——应交增值税(进项税额)<br>  贷:银行存款/应付票据/应付账款等<br>材料物资验收入库:<br>借:原材料/周转材料<br>  贷:在途物资 |

| | |
|---|---|
| 材料物资到达,发票账单未到 | 暂缓核算,月末还未到达,暂估入账:<br>借:原材料<br>　　贷:应付账款——暂估应付账款<br>下月初做相反的会计分录予以冲回:<br>借:应付账款——暂估应付账款<br>　　贷:原材料 |
| 购进材料物资短缺和损耗 | 属于合理损耗,不另做账务处理<br>明确属于供应单位、外部运输机构责任,由其赔偿:<br>借:原材料/周转材料<br>　　其他应收款/应付账款/银行存款等<br>　　贷:在途物资<br>　　　　应交税费——应交增值税(进项税额转出)<br>遭受自然灾害的损失和尚待查明原因的途中损耗:<br>借:原材料/周转材料<br>　　待处理财产损溢——待处理流动资产损溢<br>　　贷:在途物资<br>借:其他应收款/应付账款/管理费用/营业外支出<br>　　贷:待处理财产损溢——待处理流动资产损溢<br>　　　　应交税费——应交增值税(进项税额转出)<br>注:自然灾害造成的损毁不需要做进项税额转出 |

### 2)采用计划成本核算

计划成本法是指材料物资的日常收发和结存均按预先制订的计划成本计价,并设置"材料成本差异"科目登记实际成本与计划成本之间的差异。月末,再通过对材料物资成本差异的分摊,将发出和结存材料物资的计划成本调整为实际成本进行反映的一种核算方法。

该种核算方法,材料物资收入时先按实际成本计价,入库时将实际成本转化为计划成本,实际和计划间的差额计入"材料成本差异"账户。材料物资发出时先按计划成本计价,再通过调整将发出材料物资的计划成本转化为实际成本。具体核算流程如图 3.2 所示。

$$收入：实际成本 \xrightarrow{\text{调整}} 计划成本$$

$$发出：计划成本 \xrightarrow{\text{调整}} 实际成本$$

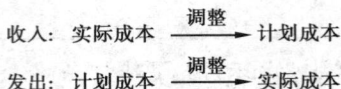

**图3.2　核算流程**

（1）相关核算账户

"原材料"账户：属于资产类账户，用来核算库存各种材料的收发及结存情况。在计划成本核算时，借方登记入库材料的计划成本；贷方登记发出材料的计划成本；期末余额在借方，反映企业库存材料的计划成本。该账户可按材料品种或规格开设明细账户。

"材料采购"账户：属于资产类账户，用来核算各种材料的实际成本。借方登记采购材料的实际成本；贷方登记入库材料的计划成本；期末余额在借方，反映企业在途材料的实际成本。该账户可按材料品种或规格开设明细账户。

"材料成本差异"账户：属于资产类账户，用来核算各种材料的计划成本与实际成本之间的差异。其借方登记超支差异及发出材料应负担的节约差异；贷方登记节约差异及发出材料应负担的超支差异。借方余额表示材料实际成本大于计划成本的差异数（即超支差异）；贷方余额表示计划成本大于实际成本差异数（即节约差异）。

## 【友情提示】

注意：超支差异和节约差异容易混淆。实际成本大于计划成本是超支差异；计划成本大于实际成本是节约差异。

（2）账务处理

①购入材料的账务处理。

第一，发票账单和原材料同时到达企业。

【例3.18】　东胜公司（原材料采用计划成本核算）从外地购入A材料20吨，价款为80 000元，增值税13 600元，取得运费发票注明运输费2 000元，装卸费800元，各种款项已通过银行存款支付，材料已经验收入库。已知A材料计划成本为4 000元/吨。

A材料的实际成本 = 80 000 + 2 000 × 93% + 800 = 82 660（元）

购进A材料的进项税额 = 13 600 + 2 000 × 7% = 13 740（元）

借：材料采购——A材料　　　　　　　　　　　　　　82 660

　　应交税费——应交增值税（进项税额）　　　　　　13 740

　　贷：银行存款　　　　　　　　　　　　　　　　　　　　96 400

借:原材料　　　　　　　　　　　　　　　　　　80 000
　　材料成本差异　　　　　　　　　　　　　　　2 660
　贷:材料采购　　　　　　　　　　　　　　　　　　82 660

## 【知识窗】

《增值税暂行条例》规定:一般纳税人购进或者销售货物以及在生产经营过程中支付运输费用的,按照运输费用结算单据上注明的运输费用金额和7%的扣除率计算进项税额。

第二,发票账单先到,原材料后到。

【例3.19】　东胜公司(原材料采用计划成本核算)于2013年2月2日购入A材料一批,取得增值税专用发票上注明的原材料价款为20 000元,增值税额为3 400元,发票等结算凭证已经收到,货款已通过银行转账支付,但材料尚未运到。

收到账单时:

借:材料采购　　　　　　　　　　　　　　　　　20 000
　　应交税费——应交增值税(进项税额)　　　　3 400
　贷:银行存款　　　　　　　　　　　　　　　　　　23 400

【例3.20】　接上例,2月15日上述材料验收入库时,计划成本是21 000元。

按计划成本验收入库:

借:原材料　　　　　　　　　　　　　　　　　　21 000
　贷:材料采购　　　　　　　　　　　　　　　　　　20 000
　　　材料成本差异　　　　　　　　　　　　　　　　1 000

第三,原材料先到,发票账单后到。

这种情况下,对于尚未收到发票账单的材料,月末应按计划成本暂估入账,下月初做相反的会计分录予以冲回。

【例3.21】　东胜公司(原材料采用计划成本核算)于2013年2月25日购入甲材料一批,发票账单未到,月末应按照计划成本600 000元估计入账。

借:原材料——甲材料　　　　　　　　　　　　600 000
　贷:应付账款——暂估应付账款　　　　　　　　　600 000

下月初做相反的会计分录予以冲回:

借:应付账款——暂估应付账款　　　　　　　　600 000
　贷:原材料——甲材料　　　　　　　　　　　　　600 000

## 【试一试】

东胜公司(原材料采用计划成本核算)购入甲材料一批,当日接到其开户银行通知,承付该批材料货款 10 000 元,增值税 1 700 元,甲材料计划成本 9 500 元,材料到达并验收入库。如果甲材料计划成本是 10 500 元,材料到达并验收入库呢?

②购入低值易耗品、包装物等物资的账务处理。

在计划成本下,购入低值易耗品、包装物等物资的账务处理与购入原材料的核算类似。购入时的实际成本计入"材料采购"账户,入库时转入"周转材料"账户,并将实际成本与计划成本的差额计入"材料成本差异"账户。

**【例3.22】** 东胜公司(周转材料采用计划成本核算)购入包装物一批,已验收入库,价款为 2 000 元,增值税税额为 340 元,款项已通过银行存款支付。该批包装物的计划成本为 1 800 元。

借:材料采购——包装物 2 000
    应交税费——应交增值税(进项税额) 340
        贷:银行存款 2 340
借:周转材料——包装物 1 800
    材料成本差异 200
        贷:材料采购——包装物 2 000

**【例3.23】** 东胜公司(周转材料采用计划成本核算)购入低值易耗品一批,已验收入库,价款为 2 000 元,增值税税额为 340 元,款项尚未支付。该批低值易耗品的计划成本为 2 300 元。

借:材料采购——低值易耗品 2 000
    应交税费—应交增值税(进项税额) 340
        贷:应付账款 2 340
借:周转材料——低值易耗品 2 300
        贷:材料采购——低值易耗品 2 000
            材料成本差异 300

③购进材料物资短缺和损耗的账务处理。

第一,属于合理损耗。

按实际收到的材料数量计算计划成本计入"原材料"账户,实际成本和计划成本差异计入"材料成本差异"。

**【例3.24】** 东胜公司(原材料采用计划成本核算)从 A 公司处外购材料一批,单价 110 元/千克,数量 50 千克,增值税率 17%,款项尚未支付。该批材料的计划

成本100元/千克。此时,账务处理为:

| | | |
|---|---|---|
| 借:材料采购 | 5 500 | |
| 　应交税费——应交增值税(进项税额) | 935 | |
| 　贷:应付账款——A公司 | | 6 435 |

【例3.25】　接例3.24,东胜公司一个月后,收到材料45千克,经查明属于合理损耗。

该批材料的计划成本=45×100=4 500(元)

| | | |
|---|---|---|
| 借:原材料 | 4 500 | |
| 　材料成本差异 | 1 000 | |
| 　贷:材料采购 | | 5 500 |

第二,明确属于供应单位、外部运输机构责任,应由其赔偿。

【例3.26】　接例3.24,东胜公司一个月后收到材料45千克,确定属于西北运输公司责任,其同意赔偿。

短缺的5千克,要求运输公司赔偿账务处理:

短缺材料的成本=5×110=550(元)

短缺材料应转出的进项税额=5×110×17%=93.5(元)

| | | |
|---|---|---|
| 借:其他应收款——西北运输公司 | 643.5 | |
| 　贷:材料采购 | | 550 |
| 　　应交税费——应交增值税(进项税额转出) | | 93.5 |

收料45千克,入库账务处理:

入库材料的计划成本=45×100=4 500(元)

入库材料的实际成本=45×110=4 950(元)

| | | |
|---|---|---|
| 借:原材料 | 4 500 | |
| 　材料成本差异 | 450 | |
| 　贷:材料采购 | | 4 950 |

本题中,如果属于供应单位责任,其同意赔偿,可将上述分录中借方科目改为"应付账款"。

第三,遭受自然灾害发生的损失和尚待查明原因的途中损耗。

【例3.27】　接例3.24,东胜公司一个月后收到材料45千克。属于超定额损耗,暂未查明原因。

收料45千克,入库账务处理:

| | | |
|---|---|---|
| 借:原材料 | 4 500 | |
| 　材料成本差异 | 450 | |
| 　贷:材料采购 | | 4 950 |

超定额损耗材料账务处理：

借：待处理财产损溢——待处理流动资产损溢　　　　　　550

　　贷：材料采购　　　　　　　　　　　　　　　　　　　　550

【例3.28】　接例3.27，该批材料短缺原因现已查明，属于铁路部门责任，其同意赔偿500元。

借：其他应收款——铁路单位　　　　　　　　　　　　500

　　管理费用　　　　　　　　　　　　　　　　　　　135

　　贷：待处理财产损溢——待处理流动资产损溢　　　　550

　　　　应交税费——应交增值税（进项税额转出）　　　85

计划成本核算下材料物资采购、入库的相关账务处理如表3.2所示。

表3.2　计划成本核算下相关账务处理

| 发票账单和材料物资同时到达 | 借：材料采购<br>　　应交税费——应交增值税（进项税额）<br>　　贷：银行存款/应付票据/应付账款等<br>借：原材料/周转材料<br>　　贷：材料采购<br>　　　　材料成本差异（差额，可借可贷） |
|---|---|
| 发票账单先到，材料物资后到 | 收到账单时：<br>借：材料采购<br>　　应交税费——应交增值税（进项税额）<br>　　贷：银行存款/应付票据/应付账款等<br>材料物资验收入库：<br>借：原材料/周转材料<br>　　贷：材料采购<br>　　　　材料成本差异（差额，可借可贷） |
| 原材料先到，发票账单后到 | 暂缓核算，月末还未到达，暂估入账：<br>借：原材料<br>　　贷：应付账款——暂估应付账款<br>下月初做相反的会计分录予以冲回：<br>借：应付账款——暂估应付账款<br>　　贷：原材料 |

续表

| 购进材料物资短缺和损耗 | 属于合理损耗：<br>借：原材料/周转材料（按入库数量计算的计划成本）<br>　　材料成本差异（差额，可借可贷）<br>　　贷：材料采购（按购买数量计算的实际成本）<br>明确属于供应单位、外部运输机构责任，由其赔偿：<br>①短缺，要求赔偿账务处理：<br>借：其他应收款/应付账款/银行存款等<br>　　贷：材料采购（按短缺数量计算的实际成本）<br>　　　　应交税费——应交增值税（进项税额转出）<br>②入库材料物资账务处理：<br>借：原材料/周转材料（按入库数量计算的计划成本）<br>　　材料成本差异（差额，可借可贷）<br>　　贷：材料采购（扣除短缺数量计算的实际成本）<br>遭受自然灾害的损失和尚待查明原因的途中损耗：<br>①短缺材料物资账务处理：<br>借：待处理财产损溢——待处理流动资产损溢<br>　　贷：材料采购（扣除短缺数量计算的实际成本）<br>借：其他应收款/应付账款/管理费用/营业外支出<br>　　贷：待处理财产损溢——待处理流动资产损溢<br>　　　　应交税费——应交增值税（进项税额转出）<br>注：自然灾害造成的损毁不需要做进项税额转出<br>②入库材料物资账务处理：<br>借：原材料/周转材料（按入库数量计算的计划成本）<br>　　材料成本差异（差额，可借可贷）<br>　　贷：材料采购（扣除短缺数量计算的实际成本） |
|---|---|

# 【学习评价】

根据所学习的内容，填写下列学习评价表，如表 3.3 所示。

表 3.3　学习评价表

| 学习内容 | 学习效果评价 |
| --- | --- |
| 材料物资采购成本的确定 | 掌握（ ）　基本掌握（ ）　未掌握（ ） |
| 实际成本法购入材料的核算 | 掌握（ ）　基本掌握（ ）　未掌握（ ） |
| 实际成本法购入低值易耗品、包装物等物资的核算 | 掌握（ ）　基本掌握（ ）　未掌握（ ） |
| 实际成本法购进材料物资短缺和损耗的核算 | 掌握（ ）　基本掌握（ ）　未掌握（ ） |
| 计划成本法购入材料的核算 | 掌握（ ）　基本掌握（ ）　未掌握（ ） |
| 计划成本法购入低值易耗品、包装物等物资的核算 | 掌握（ ）　基本掌握（ ）　未掌握（ ） |
| 计划成本法购进材料物资短缺和损耗的核算 | 掌握（ ）　基本掌握（ ）　未掌握（ ） |

## 【任务检测】

一、填空题

1. 确实无法支付的应付账款,应计入_____。

2. 对于预付款项不多的企业,可以不设"预付账款",直接并入"_____"核算。

3. 我国现金折扣采用_____进行核算。

二、单项选择题

1. 下列各项不应计入存货成本的是( )。

　A. 买价　　　　　　　　　　B. 入库前的整理挑选费用

　C. 运杂费　　　　　　　　　D. 超定额损耗

2. 乙工业企业为增值税一般纳税企业,适用的增值税税率为17%。本月购进原材料 1 000 千克,购买价款为 50 000 元,增值税税额为 8 500 元;发生的保险费为 360 元,入库前的挑选整理费用为 130 元;验收入库时发现数量短缺1%,经查属于运输途中的合理损耗。乙工业企业该批原材料实际单位成本为每千克( )元。

　A. 50.64　　　　B. 50.87　　　　C. 50　　　　　　D. 51

3. 某企业为增值税一般纳税企业,适用的增值税税率为17%。从外地购入原材料 1 000 吨,收到增值税专用发票上注明的售价为每吨 1 200 元,购买价款共为

1 200 000元,增值税税额为204 000元,另发生运输费50 000元(可按7%抵扣增值税),装卸费10 000元,途中保险费为10 000元。运输途中发生1%的合理损耗,则该原材料的入账价值为(　　　)元。

  A.1 266 500  B.1 270 000  C.1 474 000  D.1 258 000

  4.为储存和保管材料、产品或商品使用的包装物,如罐、坛、缸,应作为(　　　)处理。

  A.周转材料——包装物    B.周转材料——低值易耗品

  C.库存商品      D.原材料

  5.甲公司为增值税小规模纳税人,原材料采用计划成本核算。甲材料计划成本每千克为20元。本月购进甲材料9 000千克,收到的增值税专用发票上注明的价款153 000元,增值税额为26 010元。另发生运杂费1 000元,包装费500元,仓储费600元,途中保险费用538.5元。原材料运抵企业后验收入库原材料8 992.50千克,运输途中合理损耗7.5千克。则购进甲材料发生的成本超支差异为(　　　)元。

  A.5 398.50  B.1 798.50  C.27 961.50  D.24 361.50

### 三、多项选择题

  1.一般纳税人购入存货的入账价值包括(　　　　　)。

  A.买价      B.关税

  C.超定额损耗     D.购买时支付的增值税

  2.材料按计划成本核算时,应设置的账户有(　　　　　)。

  A.原材料      B.材料采购

  C.在途物资     D.材料成本差异

  3.下列关于材料成本差异账户,表述正确的是(　　　　　)。

  A.借方余额表示节约    B.贷方余额表示超支

  C.借方余额表示超支    D.贷方余额表示节约

  4."材料成本差异"科目借方核算的内容有(　　　　　)。

  A.结转发出材料应负担的超支差异

  B.结转发出材料应负担的节约差异

  C.入库材料成本超支差异

  D.入库材料成本节约差异

  5.下列各项存货中,属于周转材料的是(　　　　　)。

  A.委托加工物资    B.包装物

  C.低值易耗品     D.委托代销商品

四、核算题

1. 大华工厂（一般纳税人）原材料采用计划成本核算,2013 年 3 月 1 日用银行存款购入原料一批,增值税专用发票上注明的价款 30 000 元,增值税 5 100 元,已验收入库,计划成本为 29 500 元。

2. 大华工厂（一般纳税人）周转材料采用计划成本核算,2013 年 3 月 1 日购入低值易耗品一批,增值税专用发票上注明的价款 10 000 元,增值税 1 700 元,款项尚未支付,物资尚未验收入库。2013 年 3 月 5 日,低值易耗品验收入库,计划成本为 29 500 元。

3. 大宇工厂（一般纳税人）原材料采用实际成本核算,2013 年 3 月 20 日购入原料一批,材料验收入库,月末发票账单未到,暂估入账,估价 29 000 元。

4. 大宇工厂（一般纳税人）周转材料采用实际成本核算,2013 年 3 月 2 日使用银行承兑汇票方式购入包装物一批,增值税专用发票注明的价款 150 000 元,增值税 25 500 元,包装物已验收入库。

5. 大宇工厂（一般纳税人）原材料采用实际成本核算,2013 年 3 月 20 日购入原料一批,增值税专用发票注明的价款 20 000 元,增值税 3 400 元,材料验收入库,款项尚未支付。销货方给予大宇工厂的现金折扣条件为 2/10,n/20,大宇工厂于2013 年 3 月 25 日用银行存款支付了该批货款。

6. 大宇工厂（一般纳税人）原材料采用实际成本核算,2013 年 3 月 2 日为购买材料一批通过银行存款预付货款 5 000 元,2013 年 3 月 10 日,收到该批材料并验收入库,专用发票注明的价款 50 000 元,增值税额为 8 500 元,对方代垫运杂费1 000 元,2013 年 3 月 13 日开出转账支票补付余款。

7. 万达公司（原材料采用实际成本核算）2013 年 3 月 1 日从 A 公司处外购材料一批,单价 200 元/千克,数量 10 千克,增值税率 17%,款项通过银行存款支付。2013 年 3 月 10 日收到材料 8 千克,经查明属于运输公司的责任,其同意赔偿。

# 模块 4
# 小微企业生产过程核算

## 模块综述

　　生产过程是工业小微企业日常经营核算的重要组成部分,它是将企业在生产经营过程中发生的各种耗费按照一定的对象进行分配和归集,以计算产品总成本和单位成本。成本核算的正确与否,直接影响企业的成本预测、计划、分析、考核和改进等控制工作,同时也对企业的成本决策和经营决策的正确与否产生重大影响。

　　成本核算过程,是对企业生产经营过程中各种耗费如实反映的过程,也是为更好地实施成本管理进行成本信息反馈的过程,因此,成本核算对企业成本计划的实施、成本水平的控制和目标成本的实现起着至关重要的作用。

　　本模块学习小微企业生产过程所涉及的基本核算以及完工产品成本的简单计算。

## 知识与技能目标

1. 掌握小微企业在生产过程中所发生的经济业务的基本核算。
2. 掌握小微企业产品成本计算的基本方法。

# 任务1 领用各种材料物资

## 任务概述

- 发出存货的计价方法。
- 领用材料的核算。
- 委托加工物资的核算。
- 包装物的核算。
- 低值易耗品的核算。

## 【相关知识】

如图4.1所示,生产过程是从材料领用开始的。

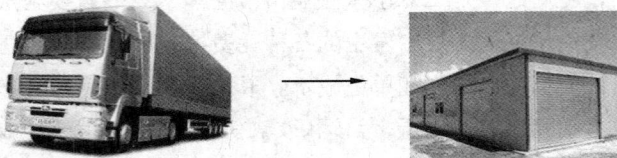

图4.1 生产过程始于材料领用

### 4.1.1 发出存货的计价方法

小微企业对存货发出的计价,应当按照所选择的计价方式,采用不同的计价方法进行计算。在实际成本计价前提下,可采用先进先出法、加权平均法或者个别计价法确定发出存货的实际成本。在计划成本计价前提下,则应当按照先计算材料成本差异率,再计算发出存货应负担的差异额,最后计算发出存货的实际成本这样的步骤来确定发出存货的实际成本。各种计价方法一经选用,不得随意变更。

#### 1)先进先出法

先进先出法是假定先购入的存货最先发出。在这种方法下,每次购入存货时,应按时间的先后顺序逐笔登记其数量、单价和金额,每次发出存货时,按照先购入存货的单价计算发出存货的实际成本。

【例4.1】 东胜公司2012年4月甲材料的收发情况如下:期初结存600千克,单价为2元/千克;8日、20日和30日分别购进400千克、600千克和400千克,单价分别为2.2元/千克、2.3元/千克和2.5元/千克；14日和28日分别发出材料800千克和400千克。

**表4.1 东胜公司2012年4月甲材料的收发情况**

| 先进先出法:先收到的存货先发出 | | | | | | | | | |
|---|---|---|---|---|---|---|---|---|---|
| 日 期 | 收 入 | | | 发 出 | | | 结 存 | | |
| | 数量 | 单价 | 金额 | 数量 | 单价 | 金额 | 数量 | 单价 | 金额 |
| 4月1日 | | | | | | | 600 | 2.0 | 1 200 |
| 4月8日 | 400 | 2.2 | 880 | | | | 600 | 2.0 | 2 080 |
| | | | | | | | 400 | 2.2 | |
| 4月14日 | | | | 600 | 2.0 | 1 640 | 200 | 2.2 | 440 |
| | | | | 200 | 2.2 | | | | |
| 4月20日 | 600 | 2.3 | 1 380 | | | | 200 | 2.2 | 1 820 |
| | | | | | | | 600 | 2.3 | |
| 4月28日 | | | | 200 | 2.2 | 900 | 400 | 2.3 | 920 |
| | | | | 200 | 2.3 | | | | |
| 4月30日 | 400 | 2.5 | 1 000 | | | | 400 | 2.3 | 1 920 |
| | | | | | | | 400 | 2.5 | |
| 合 计 | 1 400 | | 3 260 | 1 200 | | 2 540 | 800 | | |

4月14日发出存货的成本：

$600\times2.0+200\times2.2=1\ 640$(元)

4月28日发出存货的成本：

$200\times2.2+200\times2.3=900$(元)

本月发出存货成本合计：

$1\ 640+900=2\ 540$(元)

月末结存存货成本：

$400\times2.3+400\times2.5=1\ 920$(元)

## 【想一想】

还有什么办法可以计算出月末结存存货的成本？

2) 加权平均法

加权平均法又称全月一次加权平均法,这种方法平时只记发出的数量,不计发出单价和金额,月末一次计算加权平均单价,用加权平均单价作为计算发出存货成本的单价,从而计算出发出存货成本。

$$加权平均单价 = \frac{月初结存存货成本 + 本月收入存货成本}{月初结存存货数量 + 本月收入存货数量}$$

仍以上题为例:

$$4 月份加权平均单价 = \frac{1\,200 + 3\,260}{600 + 1\,400}$$

$$= 2.23(元)$$

4 月份发出存货成本 = 2.23 × 1 200 = 2 676(元)

4 月末结存存货成本 = 2.23 × 800 = 1 784(元)

## 【想一想】

还有什么办法可以计算出月末结存存货的成本?

从上面的计算结果可以看出,用不同的存货计价方法及计算出的存货发出成本和月末结存存货的成本都不相同。很明显,存货的计价方法会对利润的金额和资产负债表中存货的金额产生影响。你知道会产生怎样的影响吗?

3) 计划成本计价前提下,存货发出成本的计算方法

在计划成本计价前提下,对发出存货成本的计算通常按照以下步骤进行:

第一步,计算材料成本差异率。

材料成本差异率就是指材料成本差异额与材料计划成本的比例,通常用百分比表示。

材料成本差异额,是指材料的实际成本和计划成本之间的差额,即:

$$实际成本 - 计划成本 \begin{cases} >0,表示超支差异 \\ <0,表示节约差异 \end{cases}$$

材料成本差异率 = (期初材料成本差异 + 当月入库成本差异)/(期初原材料计划成本 + 当月入库材料计划成本)×100%

第二步,计算发出材料应负担的差异额。

本月发出材料应负担的成本差异 = 本月发出材料的计划成本 × 材料成本差异率

第三步,计算本月发出材料的实际成本。

本月发出材料的实际成本＝本月发出材料的计划成本±本月发出材料应负担的成本差异。

【例4.2】 企业的存货按计划成本核算,期初甲材料库存数量为50吨,其单位计划成本为200元/吨,材料成本差异账户的借方余额为100元,本月以210元/吨购入甲材料50吨,则本期甲材料成本差异率为多少?

甲材料的材料成本差异＝［100＋（210－200）×50］/［（50＋50）×200］×100％＝3％

## 【想一想】

在计划成本计价前提下,如何计算出月末结存存货的成本?

### 4.1.2　领用材料的核算

对生产过程中领用材料的核算,实际上就是对材料耗用情况进行分配的过程。在分配过程中应当遵循"谁受益,谁负担"的分配原则,将所耗用的材料分配计入有关成本费用账户。

领用材料所依据的原始凭证主要包括领料单和限额领料单,企业也可以在月末将若干张领料凭证进行汇总,填写领料汇总表,并依据领料汇总表进行领料核算。

【例4.3】 东胜公司4月份甲材料的"发料凭证汇总表"列明:基本生产车间生产产品领用28 000元,辅助生产车间领用5 600元,管理部门领用1 200元。做出会计分录如下:

```
借:生产成本——基本生产成本              28 000
        ——辅助生产成本               5 600
   管理费用                          1 200
   贷:原材料——甲材料                        34 800
```

假定东胜公司甲材料按计划成本计价,本月材料成本差异率为3％,还应当做出结转材料成本差异的账务处理:

```
借:生产成本——基本生产成本                840
        ——辅助生产成本                168
   管理费用                            36
   贷:材料成本差异                          1 044
```

### 4.1.3　委托加工物资的核算

小微企业委托外单位加工存货的核算如表4.2所示。

表 4.2　委托加工物资的核算

| 具体经济业务 | 核算方法 |
|---|---|
| 发出材料交由外单位加工 | 借:委托加工物资<br>　贷:原材料 |
| 支付加工费、往返的运杂费等 | 借:委托加工物资<br>　　应交税费——应交增值税(进项税额)<br>　贷:银行存款(或库存现金) |
| 支付委托加工物资应当负担的消费税 | 借:委托加工物资(加工物资收回后准备直接出售)<br>　　应交税费——应交消费税(加工物资收回后继续用于生产应税消费品)<br>　贷:银行存款 |
| 加工完成验收入库 | 借:库存商品(或原材料)<br>　贷:委托加工物资 |

## 【试一试】

东胜公司委托新桥加工厂加工一批原材料(属于应税消费品),发出材料成本为 15 000 元,支付加工费 3 000 元,增值税 510 元,受托方代收代缴消费税 2 000 元,所有款项均用银行存款支付,材料加工完毕收回验收入库,准备继续用于生产应税消费品。请做出东胜公司的有关核算。

### 4.1.4　发出包装物的核算

包装物是指企业在生产经营过程中为包装本企业产品而储备的各种包装容器。按其具体用途可分为:生产过程中用于包装产品,作为产品组成部分的包装物;随同产品出售,不单独计价的包装物;随同产品出售,单独计价的包装物;出租或出借给购买单位使用的包装物。

下列各项不属于包装物核算的范围:属于一次性使用的包装材料,应作为材料进行核算;用于储存和保管产品、材料而不对外出售的包装物,应按其价值的大小和使用年限的长短,分别作为固定资产和低值易耗品进行管理和核算;企业自产的,作为商品出售的包装物,应作为库存商品进行管理和核算。

企业应设置"周转材料——包装物"科目核算包装物的收入、发出和结存情况。

小微企业发出包装物的详细核算如表 4.3 所示。

表 4.3　小微企业发出包装物的详细核算

| 具体经济业务 | 核算方法 |
|---|---|
| 生产产品领用包装物 | 借:生产成本<br>　贷:周转材料——包装物 |
| 随产品出售发出,不单独计价的包装物 | 借:销售费用<br>　贷:周转材料——包装物 |
| 随产品出售发出,单独计价的包装物 | 借:其他业务成本<br>　贷:周转材料——包装物 |

## 【想一想】

随产品出售发出单独计价的包装物,包装物的售价应该如何核算?

## 【试一试】

完成东胜公司下列经济业务的核算:

①东胜公司 4 月份生产产品领用包装物一批,实际成本为 6 000 元。

②东胜公司 4 月份销售产品一批,增值税专用发票注明售价 50 000 元,增值税额 8 500 元。款项已存银行。销售商品时领用不单独计价的包装物一批,实际成本 4 000 元。

③东胜公司 4 月份销售产品时领用单独计价的包装物一批,包装物销售收入为 4 000 元,增值税为 680 元,并已存入银行,包装物实际成本为 2 500 元。

对出租和出借包装物,在出租或出借时不结转成本,只在备查账中登记。

### 4.1.5　低值易耗品的核算

低值易耗品是指单位价值较低、使用年限较短,不能作为固定资产的各种用具、设备,如工具、管理用具、玻璃器皿以及经营过程中周转使用的包装容器等。小微企业会计准则规定,低值易耗品的周转材料可以采用一次摊销法和分次摊销法进行摊销。具体情况如表 4.4 所示。

表4.4　低值易耗品的核算

| 摊销方法 | 具体业务内容 | 账务处理 |
|---|---|---|
| 一次摊销法 | 一次摊销法是指低值易耗品在领用时就将全部账面价值计入有关成本费用的方法。 | 1. 领用低值易耗品时：<br>借：制造费用<br>　　管理费用<br>　　贷：周转材料——低值易耗品<br>2. 低值易耗品报废时：<br>借：原材料(残料价值)<br>　　贷：制造费用<br>　　　　管理费用 |
| 分次摊销法 | 分次摊销法是指根据低值易耗品可供使用的估计次数，将其价值按比例分摊计入有关成本费用的一种方法。在这种方法下，应在"周转材料——低值易耗品"下设置"在库""在用"和"摊销"三个三级账 | 1. 领用低值易耗品时：<br>借：周转材料——低值易耗品(在用)<br>　　贷：周转材料——低值易耗品(在库)<br>2. 按次摊销时：<br>借：制造费用<br>　　管理费用<br>　　贷：周转材料——低值易耗品(摊销)<br>3. 报废时：<br>借：周转材料——低值易耗品(摊销)<br>　　贷：周转材料——低值易耗品(在用)<br>如有残料：<br>借：原材料<br>　　贷：制造费用<br>　　　　管理费用 |

## 【试一试】

东胜公司4月份车间领用低值易耗品一批,实际成本3 000元,采用一次摊销法摊销,做出会计处理。

## 任务 2　核算职工的劳动报酬

### 任务概述

- 理解应付职工薪酬的核算范围。
- 正确计算应付职工薪酬。
- 应付职工薪酬的核算。

## 【相关知识】

### 4.2.1　应付职工薪酬的核算范围

应付职工薪酬,是指小微企业为获得职工提供的服务而应付给职工的各种形式的报酬以及其他相关支出。

小微企业的职工薪酬包括:

①职工工资、奖金、津贴和补贴。

②职工福利费。

③医疗保险费、养老保险费、失业保险费、工伤保险费和生育保险费等社会保险费。

④住房公积金。

⑤工会经费和职工教育经费。

⑥非货币性福利。

⑦因解除与职工的劳动关系给予的补偿。

⑧其他与获得职工提供的服务相关的支出等。

### 4.2.2　应付职工薪酬的计算

职工工资是职工薪酬总额的重要组成部分,职工工资总额包括计时工资、计件工资、工资性奖金、津贴和补贴、加班加点工资以及特殊情况下应支付的工资。

职工薪酬业务的核算流程如图4.2所示。

应付工资的计算步骤如图4.3所示。

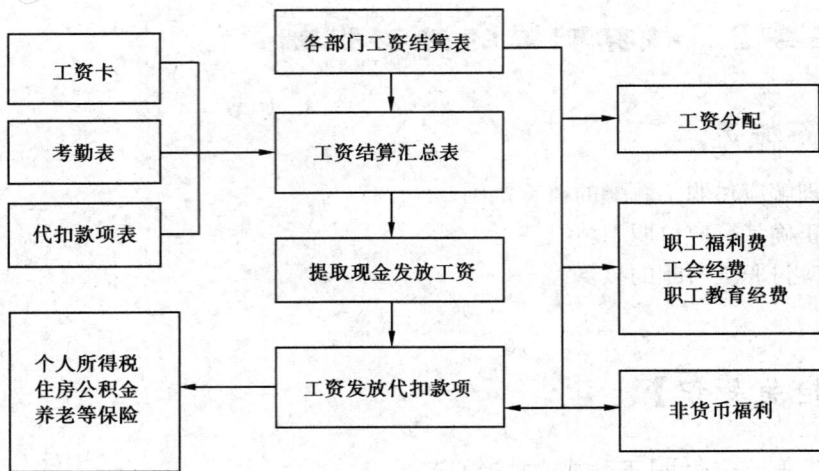

图4.2 职工薪酬业务的核算流程

图4.3 应付工资的计算步骤

### 1)计时工资的计算

第一,计算日工资率。

日工资率 = 月标准工资 ÷ 21.72

第二,计算病、事假扣款。病假扣款通常依据工龄按照一定比例扣发工资。

病假扣款 = 日工资率 × 病假天数 × 扣发比例

事假扣款 = 日工资率 × 事假天数

## 【想一想】

病事假天数如果包含节假日该如何处理?

第三,计算计时工资。

计时工资 = 月标准工资 – 病假扣款 – 事假扣款

### 2)计件工资的计算

计件工资 = 计件工资单价 × 计件数量

注意,计件数量应当包括合格品数量和料废品数量,但不包括工废品数量。

3）应付工资的计算

应付工资＝计时工资＋计件工资＋工资性奖金＋津贴和补贴＋加班加点工资＋其他应支付的工资

4）代扣款项的计算

代扣款项主要包括"五险一金"、代扣的个人所得税和其他代扣款项。

五险一金是指养老保险、医疗保险、失业保险、工伤保险和生育保险以及住房公积金。每个地区对五险一金的交纳比例的规定都不相同，计算基数为职工工资总额。

职工每月取得工资薪金收入时，企事业单位应当按照税法规定代扣代缴个人所得税。

其他代扣款项是指企业代扣的房租、水电费等。

5）实发工资的计算

实发工资＝应付工资－代扣款项

### 4.2.3　应付职工薪酬的核算

为了核算企业应付职工薪酬的提取、结算、使用等情况，小微企业设置了"应付职工薪酬"科目，贷方登记已分配计入有关成本费用账户的职工薪酬的数额，借方登记实际发放职工薪酬的数额，该科目期末贷方余额反映企业应付而未付的职工薪酬。

"应付职工薪酬"科目应当按照"工资""职工福利""社会保险费""职工教育经费""工会经费""住房公积金""非货币性福利"等应付职工薪酬项目设置明细科目，进行明细核算。

企业应当在职工为其提供服务的会计期间，根据职工提供服务的受益对象，将应确认的职工薪酬（包括货币性薪酬和非货币性福利）计入相关资产成本或当期损益，同时确认为应付职工薪酬。小微企业发生应付职工薪酬的核算如表4.5所示。

表4.5　小微企业应付职工薪酬的核算

| 具体经济业务 | 账务处理 |
|---|---|
| 分配职工薪酬 | 借:生产成本(生产工人)<br>　　制造费用(车间管理人员)<br>　　管理费用(管理部门人员)<br>　　销售费用(销售部门人员)<br>　　在建工程(工程人员)<br>　　研发支出(无形资产研发人员)<br>　　贷:应付职工薪酬——工资<br>　　　　　　　　——职工福利<br>　　　　　　　　——社会保险费<br>　　　　　　　　——住房公积金<br>　　　　　　　　——工会经费<br>　　　　　　　　——职工教育经费 |
| 支付职工工资、奖金、津贴和补贴 | 借:应付职工薪酬——工资<br>　　贷:银行存款<br>　　　　库存现金 |
| 从应付职工薪酬中扣还各种款项(代垫的医药费、个人所得税、房租等) | 借:应付职工薪酬——工资<br>　　贷:其他应付款<br>　　　　其他应收款<br>　　　　应交税费——应交个人所得税 |
| 支付职工福利费 | 借:应付职工薪酬——职工福利<br>　　贷:银行存款 |
| 向社会保险经办机关交纳保险费 | 借:应付职工薪酬——社会保险费<br>　　贷:银行存款 |

| 具体经济业务 | 账务处理 |
| --- | --- |
| 企业以其自产产品作为非货币性福利发放给职工 | 借:生产成本(生产工人)<br>　　制造费用(车间管理人员)<br>　　管理费用(管理部门人员)<br>　　销售费用(销售部门人员)<br>　　在建工程(工程人员)<br>　　研发支出(无形资产研发人员)<br>　　贷:应付职工薪酬——非货币性福利<br>借:应付职工薪酬——非货币性福利<br>　　贷:主营业务收入<br>　　　　应交税费——应交增值税(销项税额)<br>借:主营业务成本<br>　　贷:库存商品 |
| 将企业拥有的房屋等固定资产无偿提供给职工使用 | 借:生产成本<br>　　管理费用等<br>　　贷:应付职工薪酬——非货币性福利<br>借:应付职工薪酬——非货币性福利<br>　　贷:累计折旧 |
| 租赁住房等资产供职工无偿使用 | 借:生产成本<br>　　管理费用等<br>　　贷:应付职工薪酬——非货币性福利<br>借:应付职工薪酬——非货币性福利<br>　　贷:银行存款 |
| 企业因解除与职工的劳动关系给予的补偿 | 借:管理费用<br>　　贷:应付职工薪酬 |

## 【试一试】

东胜公司4月份有关职工薪酬业务如下,做出相关账务处理:

①按照工资总额的标准分配工资费用,其中生产工人工资1 000 000元,车间管理人员工资为200 000元,总部管理人员工资为300 000元,专设销售部门人员

工资为 100 000 元,在建工程人员工资为 50 000 元,无形资产研发人员工资为 350 000 元。

②发放本月职工工资 2 000 000 元,其中代扣职工房租 20 000 元,企业代垫职工家属医药费 80 000 元,实发工资 1 900 000 元,通过银行转入个人工资账户。

③本月以福利费支付食堂补贴 75 000 元,职工生活困难补助 5 000 元,以上款项均用银行存款支付。

④本月,将公司生产的 500 件产品作为福利发放给职工,其中生产工人 400 人,总部管理人员 100 人。该批产品的单位成本为 12 000 元,市场销售价格为每件 20 000 元(不含增值税),增值税率 17%,不考虑其他税金。

⑤为生产工人提供免费住宿,月计提折旧 30 000 元。

# 任务3  损耗固定资产、无形资产

## 任务概述

- 理解固定资产折旧的含义。
- 掌握固定资产平均年限法计提折旧的计算。
- 掌握固定资产折旧的计提核算。
- 掌握无形资产的摊销。

## 【相关知识】

### 4.3.1  固定资产折旧的含义

固定资产的价值随着资产的使用而逐渐磨损,并转移到费用中,以折旧费的形式在收入中得到补偿。因此,小微企业可以通过固定资产的折旧反映固定资产因损耗而转移的价值。固定资产的折旧是指在固定资产的使用寿命内,按照确定的方法,对应计折旧额进行系统的分摊。

造成折旧的原因是有形损耗和无形损耗,有形损耗是指固定资产在使用过程中,由于正常使用和自然力的作用而引起的使用价值和价值的损失。无形损耗是指由于科学技术的进步和劳动生产率的提高而带来的固定资产价值上的损失。

1）固定资产计提折旧的范围

小微企业应当对所有固定资产计提折旧，但已提足折旧仍继续使用的固定资产和单独计价入账的土地不得计提折旧。

2）固定资产计提折旧的原则

固定资产计提折旧的原则如下：

①小微企业应当按月计提折旧，当月增加的固定资产，当月不计提折旧，从下月起计提折旧；当月减少的固定资产，当月仍计提折旧，从下月起不计提折旧。

②固定资产提足折旧后，不管是否能继续使用，均不再提取折旧。

3）影响固定资产折旧的因素

在计算固定资产折旧时，必须正确考虑影响固定资产折旧的因素。影响固定资产折旧的因素有固定资产原值、固定资产预计净残值、固定资产使用寿命以及固定资产的折旧方法。

### 4.3.2　固定资产折旧的计算

小微企业应当按照年限平均法（即直线法，下同）计提折旧。小微企业的固定资产由于技术进步等，确需加速折旧的，可以采用双倍余额递减法和年数总和法。

年限平均法是将固定资产应计提的折旧额均衡地分摊到固定资产预计使用寿命内的一种折旧方法。采用这种方法计算的折旧额是相等的。

年折旧率 = [（1 – 预计净残值率）/预计使用寿命] × 100%

月折旧率 = 年折旧率/12

月折旧额 = 固定资产原值 × 月折旧率

## 【想一想】

预计净残值与预计净残值率之间有什么关系？

## 【试一试】

东胜公司 2012 年 1 月购入一套设备，价值为 206 000 元，预计使用年限为 5 年，预计净残值率为 1%，请用年限平均法计算 4 月份应计提折旧额。

### 4.3.3 固定资产折旧的账务处理

固定资产的折旧费应当根据固定资产的受益对象计入相关资产成本或者当期损益。

借：制造费用（生产设备）

管理费用（管理设备）

销售费用（销售设备）

其他业务成本（经营性出租设备）

在建工程（工程使用设备）

贷：累计折旧

## 【试一试】

经计算，东胜公司 2012 年 4 月应计提折旧 40 000 元，其中生产设备计提折旧 20 000 元，管理设备计提折旧 10 000 元，经营性出租设备计提折旧 10 000 元。做出东胜公司的账务处理。

### 4.3.4 无形资产的摊销

无形资产通常有一定的有效期限，因此小微企业应将入账的无形资产在一定年限内摊销。

无形资产的摊销期自其可供使用时开始至停止使用或出售时止。有关法律规定或合同约定了使用年限的，可以按照规定或约定的使用年限分期摊销。小微企业不能可靠估计无形资产使用寿命的，摊销期不得低于 10 年。小微企业按月采用年限平均法计提无形资产的摊销，应当按照无形资产的受益对象，借记"制造费用""管理费用"等科目，贷记"累计摊销"科目。

## 【试一试】

东胜公司于 2012 年外购管理用 A 无形资产，实际支付价款 12 000 元，据有关法律规定，甲公司估计其预计使用年限为 5 年。做出按月摊销无形资产的账务处理。

# 任务4　生产过程中的其他耗费

## 任务概述

- 对生产过程中发生的水电消耗进行核算。
- 对短期借款、长期借款利息进行核算。
- 对办公费、差旅费、招待费等日常耗费进行核算。

## 【相关知识】

### 4.4.1　对生产过程中的水电耗费进行核算

小微企业日常生产经营过程中发生的水电费用按照耗用的部门计入相关的成本费用账户,其中生产部门发生的水电费计入"生产成本""制造费用"账户,管理部门发生的水电费计入"管理费用"账户,销售部门发生的水电费计入"销售费用"账户。对于集中缴费,然后根据一定方法分配的水电费,在核算过程中,可先通过"应付账款"账户进行核算,然后再对"应付账款"进行分配。

## 【试一试】

东胜公司2012年4月用银行存款支付水电费50 000元,其中生产车间发生水电费20 000元,行政部门发生水电费25 000元,销售部门发生水电费5 000元。做出东胜公司的账务处理。

## 【想一想】

如果东胜公司在每月8日,由银行直接支付水电费,月末,经过分配,再确定出各部门耗用的水电费,该如何进行核算?

【例4.4】　8日,收到银行付款通知,支付本月水电费50 000元。30日,经分配,生产车间发生水电费20 000元,行政部门发生水电费25 000元,销售部门发生水电费5 000元。做出东胜公司的账务处理。

8日所做的账务处理:

借:应付账款　　　　　　　　　　　　　　　　　　　50 000
　　贷:银行存款　　　　　　　　　　　　　　　　　　　50 000

30 日所做的账务处理：

借：制造费用　　　　　　　　　　　　　　　　　　　　20 000
　　管理费用　　　　　　　　　　　　　　　　　　　　25 000
　　销售费用　　　　　　　　　　　　　　　　　　　　 5 000
　　贷：应付账款　　　　　　　　　　　　　　　　　　　　50 000

### 4.4.2　对短期借款、长期借款进行核算

企业对生产经营过程中发生的各项借款应当按月计提利息。

#### 1）对短期借款利息的核算

短期借款应当按照借款本金和借款合同利率在应付利息日计提利息费用，计入财务费用。

借：财务费用
　　贷：应付利息
实际支付利息时：
借：应付利息
　　贷：银行存款

### 【想一想】

如果企业在应付利息日对应付利息实际支付了，该如何核算？

#### 2）对长期借款利息的核算

对长期借款利息的核算，在应付利息日，应当按照借款本金和借款合同利率计提利息费用，借记"财务费用""在建工程"等科目，贷记"应付利息"科目。

借：财务费用
　　在建工程
　　贷：应付利息
实际支付利息时：
借：应付利息
　　贷：银行存款

### 【想一想】

长期借款利息的核算与短期借款利息的核算有什么区别？

## 【试一试】

东胜公司本月末计提有关借款利息,其中短期借款应付利息400元,长期借款应付利息20 000元(其中5 000元为工程借款利息),做出东胜公司的账务处理。

### 4.4.3    对办公费、差旅费、招待费等日常耗费进行核算

小微企业在日常生产经营过程中发生的办公费、差旅费等日常耗费应按照费用发生的部门分别计入"制造费用"和"管理费用"账户,其中生产部门发生的费用,计入"制造费用"账户,行政管理部门发生的费用,计入"管理费用"账户。

小微企业发生的业务招待费在发生时直接计入"管理费用"账户。

## 【试一试】

东胜公司2012年4月发生下列业务,做出有关账务处理:

①生产车间生产A产品领用原材料30 000元,车检维修领用原材料500元,管理部门耗用原材料2 000元。

②分配本月职工工资,其中生产A产品工人工资80 000元,车间管理人员工资3 000元,行政管理人员工资20 000元。

③计提本月固定资产折旧6 000元,其中生产设备折旧4 000元,管理设备折旧2 000元。

④用银行存款支付办公费800元,其中车间办公费300元,行政管理部门办公费500元。

# 任务5    汇总和分配制造费用

## 任务概述

• 对已经发生的制造费用进行分配。

## 【相关知识】

对小微企业发生在生产车间的各项间接费用,如前所述已经通过"制造费用"账户借方进行汇总,月末,小微企业应当按照产品成本计算对象,对制造费用进行

分配,即:

借:生产成本

　　贷:制造费用

制造费用的分配方法包括按生产工人工时分配、按机器工时分配、按产成品成本分配、按生产工人工资分配、按耗用原材料的数量分配以及按直接费用分配等方式。

【例4.5】 东胜公司4月份生产车间共发生制造费用20 000元,其中生产甲产品共耗工人工时共计5 500工时,生产乙产品共耗工人工时共计4 500工时,该企业按生产工人工时分配制造费用。

甲产品应分配制造费用 = $20\,000 \times 5\,500/(5\,500 + 4\,500) = 11\,000$

乙产品应分配制造费用 = $20\,000 \times 4\,500/(5\,500 + 4\,500) = 9\,000$

借:生产成本——甲产品　　　　　　　　　　　　　11 000

　　　　　　——乙产品　　　　　　　　　　　　　9 000

　　贷:制造费用　　　　　　　　　　　　　　　　　　20 000

## 【试一试】

①东胜公司本月生产车间共发生制造费用20 000元,假设企业生产甲产品共用机器工时460小时,生产乙产品共用机器工时340小时,该企业按机器工时分配制造费用。

②东胜公司本月生产车间共发生制造费用20 000元,假设企业本月共生产甲产品3 600件,生产乙产品3 200件,该企业按产成品成本分配制造费用。

# 任务6　计算完工产品成本并入库

## 任务概述

● 对已经完工的产品计算其成本,并验收入库。

## 【相关知识】

对小微企业发生的生产成本,月末应当在完工产品和月末在产品之间进行分配。生产成本在完工产品与月末在产品之间归集与分配,最常用的方法为约当产量比例法。采用约当产量比例法,应将月末在产品数量按照完工程度折算为相当于完工产品的产量,即约当产量,然后将产品应负担的全部成本按照完工产品产量和月末在产品约当产量的比例分配计算完工产品成本和月末在产品成本。计算步骤如图4.4所示。

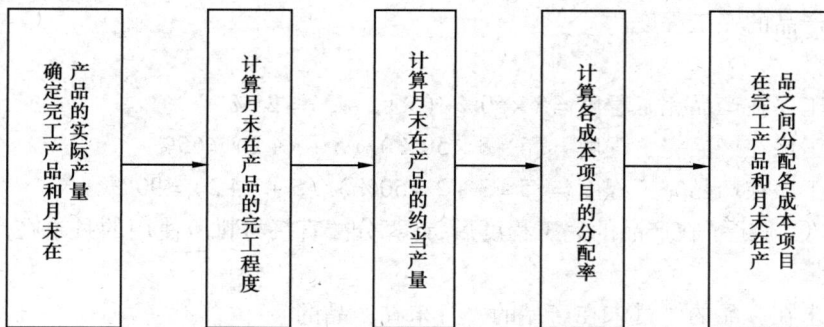

图4.4　完工产品成本和月末在产品成本的计算步骤

采用这种方法,月末在产品应当区分直接材料费用和直接人工等其他费用来分别计算完工程度和约当产量。

## 4.6.1　分配直接材料费用

首先计算月末在产品的完工程度。

原材料在生产开始时一次投入。在这种情况下,月末在产品的完工程度为100%,月末在产品的约当产量即为实际产量。

原材料随生产工序逐步投入,且在各步骤开始时一次投入。在这种情况下,月末在产品的完工程度计算公式如下:

$$\frac{某工序月末在}{产品完工程度} = \frac{前面各工序材料单位消耗之和 + 本工序材料消耗定额}{完工产品单位材料消耗量}$$

【例4.6】　东胜公司生产A产品需经过3道工序,各工序材料单位消耗定额为一工序5千克,二工序3千克,三工序2千克,材料在各生产工序开始时一次投入,计算各工序在产品的完工程度。

**解:**

一工序在产品完工程度 = 5/(5 + 3 + 2) = 50%

二工序在产品完工程度 = (5 + 3)/(5 + 3 + 2) = 80%

三工序在产品完工程度 = 100%

原材料随生产工序逐步投入。在这种情况下,月末在产品的完工程度计算公式如下:

$$\frac{某工序月末在}{产品完工程度} = \frac{前面各工序材料单位消耗之和 + 本工序材料消耗定额 \times 50\%}{完工产品单位材料消耗量}$$

**【例4.7】** 东胜公司生产 A 产品需经过 3 道工序,各工序材料单位消耗定额为一工序 5 千克,二工序 3 千克,三工序 2 千克,材料随生产工序逐步投入,计算各工序在产品的完工程度。

**解:**

一工序在产品完工程度 $= 5 \times 50\% / (5 + 3 + 2) = 25\%$

二工序在产品完工程度 $= (5 + 3 \times 50\%) / (5 + 3 + 2) = 65\%$

三工序在产品完工程度 $= (5 + 3 + 2 \times 50\%) / (5 + 3 + 2) = 90\%$

其次,确定了在产品的完工程度后,计算分配直接材料所使用的月末在产品的约当产量。

$$\text{月末在产品的约当产量} = \text{月末在产品的实际产量} \times \text{月末在产品的完工程度}$$

第三步,计算分配直接材料费用的分配率。

$$\text{直接材料费用分配率} = \frac{\text{月初在产品的直接材料费用} + \text{本月发生的直接材料费用}}{\text{本月完工产品产量} + \text{月末在产品约当产量}}$$

第四步,分配完工产品和月末在产品应负担的直接材料费用。

$$\text{完工产品应负担的直接材料费用} = \text{本月完工产品产量} \times \text{直接材料费用分配率}$$

$$\text{月末在产品应负担的直接材料费用} = \text{月末在产品约当产量} \times \text{直接材料费用分配率}$$

### 4.6.2 分配直接人工等其他成本费用

第一步,计算月末在产品的完工程度。

月末在产品的完工程度计算公式如下:

$$\text{某工序月末在产品完工程度} = \frac{\text{前面各工序定额工时之和} + \text{本工序定额工时} \times 50\%}{\text{完工产品单位定额工时}}$$

**【例4.8】** 东胜公司生产 A 产品需经过 3 道工序,各工序定额工时为一工序 4 小时,二工序 3 小时,三工序 3 小时。计算各工序在产品的完工程度。

**解:**

一工序在产品完工程度 $= 4 \times 50\% / (4 + 3 + 3) = 20\%$

二工序在产品完工程度 $= (4 + 3 \times 50\%) / (4 + 3 + 3) = 55\%$

三工序在产品完工程度 $= (4 + 3 + 3 \times 50\%) / (4 + 3 + 3) = 85\%$

第二步,确定了在产品的完工程度后,计算分配直接人工等费用所使用的月末在产品的约当产量。

$$\frac{月末在产品}{的约当产量} = \frac{月末在产品}{的实际产量} \times \frac{月末在产品}{的完工程度}$$

第三步,计算分配直接人工等费用的分配率。

$$\frac{直接人工}{费用分配率} = \frac{月初在产品的直接人工费用 + 本月发生的直接人工费用}{本月完工产品产量 + 月末在产品的约当产量}$$

第四步,分配完工产品和月末在产品应负担的直接人工费用。

$$\frac{完工产品应负担}{的直接人工费用} = \frac{本月完工}{产品产量} \times \frac{直接人工}{费用分配率}$$

$$\frac{月末在产品应负担}{的直接人工费用} = \frac{月末在产}{品的约当产量} \times \frac{直接人工}{费用分配率}$$

### 4.6.3　计算完工产品总成本

$$\frac{完工产品}{总成本} = \frac{完工产品直接}{材料费用} + \frac{完工产品直接}{人工费用} + \frac{完工产品}{制造费用}$$

### 4.6.4　计算完工产品的单位成本

$$\frac{完工产品}{单位成本} = \frac{完工产品总成本}{完工产品的产量}$$

## 【试一试】

东胜公司生产甲产品需经过两道工序,材料在生产开始时一次投入,各工序定额工时分别为一工序2小时,二工序3小时。本月完工甲产品300件,月末一工序在产品有50件,二工序在产品有50件。月初及本月发生直接材料费用8 000元,直接人工等其他费用共计34 500元。按约当产量比例法分配计算完工产品总成本和单位成本。

产品完工应当验收入库,成为库存商品,即:

借:库存商品

　　贷:生产成本

## 【学习评价】

根据所学习的内容,填写下列学习评价表,如表4.6所示。

表4.6  学习评价表

| 学习内容 | 学习效果评价 | | |
|---|---|---|---|
| 发出存货的计价方法 | 掌握（  ） | 基本掌握（  ） | 未掌握（  ） |
| 领用材料的核算 | 掌握（  ） | 基本掌握（  ） | 未掌握（  ） |
| 委托加工物资的核算 | 掌握（  ） | 基本掌握（  ） | 未掌握（  ） |
| 包装物的核算 | 掌握（  ） | 基本掌握（  ） | 未掌握（  ） |
| 低值易耗品的核算 | 掌握（  ） | 基本掌握（  ） | 未掌握（  ） |
| 理解应付职工薪酬的核算范围 | 掌握（  ） | 基本掌握（  ） | 未掌握（  ） |
| 正确计算应付职工薪酬 | 掌握（  ） | 基本掌握（  ） | 未掌握（  ） |
| 应付职工薪酬的核算 | 掌握（  ） | 基本掌握（  ） | 未掌握（  ） |
| 理解固定资产折旧的含义 | 掌握（  ） | 基本掌握（  ） | 未掌握（  ） |
| 固定资产平均年限法计提折旧的计算 | 掌握（  ） | 基本掌握（  ） | 未掌握（  ） |
| 固定资产折旧的计提核算 | 掌握（  ） | 基本掌握（  ） | 未掌握（  ） |
| 对生产过程中发生的水电消耗进行核算 | 掌握（  ） | 基本掌握（  ） | 未掌握（  ） |
| 对短期借款、长期借款利息进行核算 | 掌握（  ） | 基本掌握（  ） | 未掌握（  ） |
| 对办公费、差旅费、招待费等日常耗费进行核算 | 掌握（  ） | 基本掌握（  ） | 未掌握（  ） |
| 对已经发生的制造费用进行分配 | 掌握（  ） | 基本掌握（  ） | 未掌握（  ） |
| 对已经完工的产品计算其成本,并验收入库 | 掌握（  ） | 基本掌握（  ） | 未掌握（  ） |

## 【任务检测】

一、填空题

1.包装物的摊销方法有两种,即_____和_____。

2.存货按照实际成本计价时,发出存货成本的计算方法包括_____、_____和_____。

3.“应付职工薪酬”账户应当按照_____、_____、_____、_____、_____、_____等应付职工薪酬项目进行明细核算。

4.无形资产摊销时应贷记_____账户。

## 二、单项选择题

1. 随同产品出售并单独计价的包装物,在销售实现后其成本应借记( )账户。

    A. 销售费用                  B. 管理费用

    C. 其他业务成本           D. 营业外支出

2. 某企业月初库存材料 1 000 吨,每吨单位成本 100 元,月中又购进两批,一次 2 000 吨,每吨 110 元,另一次 3 000 吨,每吨 120 元,则月末该材料的加权平均单价为( )元。

    A. 110          B. 120          C. 113.33          D. 111.67

3. 职工薪酬不包括的内容有( )。

    A. 医疗保险等社会保险费        B. 住房公积金

    C. 工会经费和职工教育经费    D. 以股份为基础的薪金

4. 企业从应付职工薪酬中扣还的个人所得税,应贷记( )账户。

    A. 其他应收款              B. 应交税费——应交个人所得税

    C. 银行存款                D. 其他应付款

5. 企业自用无形资产摊销费用应计入( )账户。

    A. 销售费用     B. 制造费用     C. 管理费用     D. 财务费用

6. 短期借款核算时不涉及( )账户。

    A. 管理费用     B. 应付利息     C. 财务费用     D. 银行存款

## 三、多项选择题

1. 应计入委托加工物资实际成本的项目有( )。

    A. 差旅费                B. 发出加工材料的实际成本

    C. 往返运杂费            D. 加工费

2. 制造费用的分配可采用的标准有( )。

    A. 生产工人工资          B. 机器工时

    C. 生产工人工时          D. 耗用原材料的数量

## 四、核算题

东胜公司本月发生下列经济业务,编制相关会计分录:

1. 生产车间生产 A 产品,领用甲材料 20 000 元,领用乙材料 18 000 元,生产 B 产品领用甲材料 5 000 元,车间一般性消耗甲材料 300 元。

2. 按照工资总额的标准分配工资费用,其中生产 A 产品工人工资 40 000 元,生产 B 产品工人工资 20 000 元,车间管理人员工资 10 000 元,行政管理人员工资 20 000 元。

3. 计提本月固定资产折旧,其中车间设备折旧 300 元,行政管理用设备折旧 400 元。

4. 摊销本月无形资产 4 000 元。

5. 用银行存款支付本月水电费,其中生产车间水电费 5 000 元,行政管理部门水电费 3 000 元。

6. 用银行存款支付业务招待费 1 300 元。

7. 汇总本月制造费用共计 42 000 元,按照产品生产工时分配制造费用(A 产品生产工时 3 000 小时,B 产品生产工时 2 000 小时)。

8. 本月生产完工 A 产品 2 000 件,实际成本为 42 000 元。结转完工产品成本。

# 模块 5
# 小微企业销售过程核算

## 模块综述

销售过程是工业小微企业的产品进入市场流通的阶段,也是小微企业的生产耗费通过市场取得补偿并实现利润的阶段。试想一下,我们下一次购买生产材料的经费,更新设备的经费,给财务、生产等人员发工资的经费等,从何而来? 这些经费实际都是通过销售实现回来的。

产品销售过程是通过对企业产品的销售,收回货款来实现企业产品价值的过程。在产品销售过程中,企业一方面要按照合同向购货方发货;另一方面与购买单位办理结算,收回货款和增值税销项税额,确认收入的实现和计算应交纳的相关税额,结转产品销售成本,支付产品的广告费、展览费、运输费、保险费、装卸费等销售费用,上述业务便构成了企业产品销售过程业务核算的主要内容。本模块学习的是小微企业如何利用自身的各种资源赚取收入的核算。

在激烈的市场竞争中,企业要及时对市场变化作出反应,因此必须建立以市场为导向的经营运作机制才能使企业立于不败之地,销售过程在企业中的关键作用也就不言自明。

## 知识与技能目标

1. 掌握小微企业在销售过程中一般销售和特殊销售经济业务的基本核算。
2. 掌握小微企业提供劳务的核算。
3. 掌握小微企业出租固定资产和无形资产的核算。

## 任务 1　销售商品

### 任务概述

- 各种形式的产品销售业务核算。
- 产品销售成本的结转。
- 销售费用的核算。
- 营业税金及附加的核算。

## 【相关知识】

**图5.1　商品销售**

### 5.1.1　一般销售商品收入的核算

销售商品收入,是指小企业销售商品(或产成品、材料,下同)取得的收入。

通常,小企业应当在发出商品且收到货款或取得收款权利时,确认销售商品收入,并结转相关销售成本。

## 【知识窗】

①销售商品采用托收承付方式的,在办妥托收手续时确认收入。

②销售商品采取预收款方式的,在发出商品时确认收入。

③销售商品采用分期收款方式的,在合同约定的收款日期确认收入。

④销售商品需要安装和检验的,在购买方接受商品以及安装和检验完毕时确认收入。安装程序比较简单的,可在发出商品时确认收入。

⑤销售商品采用支付手续费方式委托代销的,在收到代销清单时确认收入。

⑥销售商品以旧换新的,销售的商品作为商品销售处理,回收的商品作为购进商品处理。

⑦采取产品分成方式取得的收入,在分得产品之日按照产品的市场价格或评

估价值确定销售商品收入金额。

1）本地商品销售的账务处理

商品销售在本地的,结算方式一般有交款提货和送货制两种交易方式。

## 【友情提示】

交款提货:指的是购货方预先付款,销售方再发货的销售方式;在此方式下一般都是现款交易。

送货制:即销售方先将货发给购货方,然后再结清货款,属于赊销。

【例5.1】　东胜公司采用交款提货方式销售一批刨花板,开出的增值税专用发票注明售价销售收入45 000元,增值税税额为7 650元,共计52 650元,销货款送存银行。东胜公司会计分录如下:

借:银行存款　　　　　　　　　　　　　　　　52 650
　　贷:主营业务收入　　　　　　　　　　　　　　　45 000
　　　　应交税费——应交增值税(销项税额)　　　　7 650

【例5.2】　假如上题采用委托收款或商业承兑汇票进行结算,即为送货制。在商品已发出,货款尚未收回或取得商业汇票时,东胜公司会计分录如下:

借:应收账款(或应收票据)　　　　　　　　　　52 650
　　贷:主营业务收入　　　　　　　　　　　　　　　45 000
　　　　应交税费——应交增值税(销项税额)　　　　7 650

当收到货款或汇票到期承兑时:

借:银行存款　　　　　　　　　　　　　　　　52 650
　　贷:应收账款(或应收票据)　　　　　　　　　　52 650

## 【友情提示】

商品销售的核算,除确认商品销售收入外,还应反映商品销售成本。

【例5.3】　仍用上例,该批刨花板销售成本为41 230元,结转成本时应做会计分录如下:

借:主营业务成本　　　　　　　　　　　　　　41 230
　　贷:库存商品——刨花板　　　　　　　　　　　41 230

2）异地商品销售的账务处理

商品异地销售,一般采用托收承付或委托收款结算方式,办妥结算手续后,先以"应收账款"账户进行处理,待接银行通知收款后,才冲销应收款项。为购货单位代垫的运费,也应通过"应收账款"账户进行处理,一并向对方收取。如果是垫付的费用,当天即可办妥委托银行托收手续,也可以不通过"应收账款"账户,直接以"银行存款"核算。

【例5.4】 东胜公司采用托收承付结算方式销售一批胶合板给 B 公司,开出的增值税专用发票上注明售价为 60 000 元,增值税额为 102 000 元;该批商品已发出,东胜公司以银行存款代垫运杂费 2 000 元,并已向银行办妥托收手续;该批胶合板的成本为 400 000 元。

东胜公司会计分录如下:

借:应收账款 704 000
　　贷:主营业务收入 600 000
　　　　应交税费——应交增值税(销项税额) 102 000
　　　　银行存款 2 000
借:主营业务成本 400 000
　　贷:库存商品 400 000

## 【知识窗】

如果售出商品不符合收入的确认条件,已经发出的商品,应当通过"发出商品"科目进行核算。

## 【做一做】

东胜公司向某高校宿舍销售了高密度纤维板,增值税专用发票上注明的价款为 50 000 元,增值税额 8 500 元,替高校代垫家具运输费 1 200 元,搬运费 800 元,款项尚未收到,家具已送;该家具的成本为 37 000 元。请做出东胜公司的有关核算。

### 5.1.2 销售商品涉及现金折扣、商业折扣、销售折让和销售退回业务

#### 1)涉及现金折扣的销售

现金折扣,是指债权人(销售方)为鼓励债务人(购货方)在规定的期限内付款而向债务人(购货方)提供的债务扣除。销售商品涉及现金折扣的,应当按照扣除现金折扣前的金额确定销售商品收入金额。现金折扣应当在实际发生时,计入当期损益即财务费用。

【例5.5】 东胜公司在7月1日向A单位销售一批商品,开出的增值税专用发票上注明的销售价款为20 000元,增值税税额为3 400元。为了尽早回款,东胜公司和A单位约定的现金折扣为2/10,1/20,n/30。假定计算现金折扣时不考虑增值税,东胜公司的账务处理如下:

7月1日销售实现时:

借:应收账款——A单位 　　　　　　　　　　　23 400
　　贷:主营业务收入 　　　　　　　　　　　20 000
　　　　应交税费——应交增值税(销项税额) 　　3 400

## 【友情提示】

现金折扣是在销售后发生的,所以销售实现的账务处理与一般情况下的销售是一样的。

如果A单位在7月9日付清货款,则按销售总价的2%享受现金折扣400元(20 000×2%),实际付款23 000元(23 400-400)。东胜公司账务处理如下:

借:银行存款 　　　　　　　　　　　23 000
　　财务费用 　　　　　　　　　　　400
　　贷:应收账款——A单位 　　　　　　　　23 400

如果A单位在7月18日付清货款,则按销售总价的1%享受现金折扣200元(20 000×1%),实际付款23 200元(23 400-200)。东胜公司账务处理如下:

借:银行存款 　　　　　　　　　　　23 200
　　财务费用 　　　　　　　　　　　200
　　贷:应收账款——A单位 　　　　　　　　23 400

如果A单位在7月底才付清货款,则不能享受现金折扣,要付款23 400元,东胜公司账务处理如下:

借:银行存款 　　　　　　　　　　　23 400
　　贷:应收账款 　　　　　　　　　　　23 400

### 2)涉及商业折扣的销售

商业折扣,是指小企业为促进商品销售而在商品标价上给予的价格扣除。小企业销售涉及商业折扣的,应按照扣除商业折扣后的金额确定销售商品收入金额。

【例5.6】 东胜公司的V型胶合板标价为每张100元,B公司一次性购买V型胶合板2 000件,根据规定的折扣条件,可以得到20%的商业折扣,增值税税率为17%,款项尚未收到。东胜公司账务处理如下:

借:应收账款——乙公司 187 200
  贷:主营业务收入 160 000
    应交税费——应交增值税(销项税额) 27 200

## 【友情提示】

商业折扣是在交易时就予以确认的,因此商品的收入就按折后价入账。本题的销售收入为 160 000 元[2 000×100×(1−20%)],增值税的销项税额为 27 200 (160 000×17%)。

### 3)涉及销售折让的销售

销售折让,是指企业因售出商品的质量不合格等原因而在售价上给予的减让。销售折让应在实际发生时直接从当期实现的销售收入中抵减。

销售折让可能发生在销货方确认收入之前,也可能发生在销货方确认收入之后,处理如表 5.1 所示。

表 5.1　涉及销售折让的账务处理

| 具体经济业务 | 核算方法 |
|---|---|
| 确认收入之前 | 这就等同于商业折扣,账务处理同上 |
| 确认收入之后 | 销货方应按给予的销售折让冲减销售商品的收入<br>借:主营业务收入　折让价<br>　　应交税费——应交增值税(销项税额)　折让价×税率<br>　贷:应收账款/银行存款 |

【例 5.7】　东胜公司向 C 公司销售一批高纤维板,开出的增值税专用发票上注明的销售价款为 800 000 元,增值税税额为 136 000 元,C 公司在验收的过程中发现质量不合格,要求在价格上给予 5% 的折让,东胜公司同意。假定东胜公司先前已确认销售收入,款项尚未收到,东胜公司的账务处理如下:

销售实现时:

借:应收账款——C 公司 936 000
  贷:主营业务收入 800 000
    应交税费——应交增值税(销项税额) 136 000

发生销售折让时(已取得税务机关开具的红字增值税专用发票):

借:主营业务收入 40 000

　　应交税费——应交增值税（销项税额）　　　　6 800

　　　　贷：应收账款——C 公司　　　　　　　　　46 800

实际收到货款时：

借：银行存款　　　　　　　　　　　　　　　　889 200

　　贷：应收账款　　　　　　　　　　　　　　　889 200

## 【友情提示】

上述例子的销售折让就是发生在销售收入确认之后，其中的 889 200 元是原价 936 000 元减去折让价 46 800 元得来的。

### 4）涉及销售退回的销售

销售退回，是指小企业售出的商品，由于质量、品种不符合要求等原因而发生的退货。销售退回应当分情况处理：

①未确认收入的已发出商品的退回，不进行账务处理。

②已确认收入的销售商品退回，应直接冲减退回当月的销售收入、销售成本等。

企业发生的销售退回，按应冲减的销售收入，借记"主营业务收入"科目，按允许扣减当期销项税额的增值税借记"应交税金——应交增值税（销项税额）"科目，按已付或应付的金额，贷记"应收账款""银行存款""应付账款"等科目。按退回商品的成本，借记"库存商品"科目，贷记"主营业务成本"科目。如果该项销售已发生现金折扣，应在退回当月一并处理。

【例 5.8】　东胜公司 12 月 25 日销售一批胶合板，增值税专用发票注明售价 30 000 元，增值税 5 100 元，成本 22 000 元。次年 4 月 27 日该批商品因质量出现严重问题被退回，并办妥有关手续，退回所收货款。

销售实现时：

借：应收账款　　　　　　　　　　　　　　　　35 100

　　贷：主营业务收入　　　　　　　　　　　　　30 000

　　　　应交税金——应交增值税（销项税额）　　 5 100

销售退回时：

借：主营业务收入　　　　　　　　　　　　　　30 000

　　贷：应交税金——应交增值税（销项税额）　　 5 100

　　　　应收账款　　　　　　　　　　　　　　　35 100

借：库存商品　　　　　　　　　　　　　　　　22 000

　　　　贷:主营业务成本　　　　　　　　　　　　　　　　　22 000

## 【想一想】

承上例,假设销售退回发生的时间为当年的 12 月 26 日,东胜公司在此时还未确认收入。东胜公司是否还需要做账务处理?

## 【做一做】

东胜公司 5 月 8 日销售 T 型胶合板 100 张,单位售价 150 元,增值税税率为 17%,单位销售成本为 100 元。为及早收回货款,东胜公司给出的付款条件为 2/10,1/30,N/30(注:折扣不考虑增值税税款)。购货单位在 5 月 17 日支付了款项。8 月 5 日,该 T 型胶合板因质量问题被对方退回,东胜公司退回了有关款项。请编制东胜公司销售、收到货款、销售退回等相关分录。

### 5.1.3　销售费用的核算

销售费用,是指小企业销售商品和材料、提供劳务的过程中发生的各种费用。通常包括保险费、包装费、展览费和广告费、商品维修费、预计产品质量保证损失、运输费、装卸费等为销售本企业商品而专设的销售机构(含销售网点、售后服务网点等)的职工薪酬、业务费、折旧费等经营费用;企业发生的与专设销售机构相关的固定资产修理费用等后续支出也属于销售费用。

## 【友情提示】

业务招待费不属于销售费用核算范围,应当计入管理费用中。

企业应设置"销售费用"科目,核算销售费用的发生和结转情况。期末转入"本年利润"账户的借方,期末无余额。

【例 5.9】　东胜公司销售部 8 月份共发生费用 220 000 元,其中:销售人员薪酬 100 000 元,销售部专用办公设备折旧费 50 000 元,业务费 70 000 元(均用银行存款支付)。

　　　　借:销售费用　　　　　　　　　　　　　　　　　　220 000
　　　　　　贷:应付职工薪酬　　　　　　　　　　　　　　　100 000
　　　　　　　累计折旧　　　　　　　　　　　　　　　　　　50 000
　　　　　　　银行存款　　　　　　　　　　　　　　　　　　70 000
　　　　期末结转上述销售费用时:
　　　　借:本年利润　　　　　　　　　　　　　　　　　　　10 360

$\qquad$ 贷:销售费用 $\qquad$ 10 360

## 【做一做】

东胜公司开出转账支票,支付报纸广告费3 540元。

### 5.1.4　营业税金及附加的核算

营业税金及附加是指企业经营活动应负担的相关税费,包括营业税、消费税、城市维护建设税、教育费附加等。

为了核算企业经营活动应负担的相关税费情况,企业应设置"营业税金及附加"账户。借方登记小微企业开展日常生产经营活动应负担的税费,贷方登记期末结转记入"本年利润"的税费,结转后该账户无余额,如表5.2所示。

表5.2　营业税金及附加的核算

| 具体经济业务 | 核算方法 |
| --- | --- |
| 计算与经营活动相关的税费 | 借:营业税金及附加账户<br>贷:应交税费——××税 |
| 期末结转 | 借:本年利润<br>贷:营业税金及附加 |

1)营业税

营业税,是对我国境内提供应税劳务、转让无形资产或者销售不动产的单位和个人所征收的流转税。

## 【友情提示】

这里的"应税劳务"指的是应缴纳营业税的劳务,具体有交通运输业、建筑业、金融保险业、邮电通信业、文化体育业、娱乐业、服务业七大类征收范围的劳务。

营业税按照营业额和规定的税率计算交纳,其计算公式为:

应纳税额＝营业额×税率

## 【相关知识】

营业额为纳税人提供应税劳务、转让无形资产或销售不动产时向对方收取的全部价款和价外费用。价外费用包括向对方收取的手续费、基金、代收款项及其他各种价外性质的费用。营业税率具体规定如表 5.3 所示。

表 5.3　营业税率的具体规定

| 税　目 | 税率/% | 征收范围 |
|---|---|---|
| 交通运输业 | 3 | 陆路运输、水路运输、航空运输、管道运输、装卸搬运 |
| 建筑业 | 3 | 建筑、安装、修缮、装饰及其他工程作业 |
| 金融保险业 | 5 | 金融、保险 |
| 邮电通信业 | 3 | 邮政、电信 |
| 文化体育业 | 3 | 文化业：表演、播映、其他文化业、经营游览场所。体育业：举办各种比赛和为体育比赛或体育活动提供场所的业务 |
| 娱乐业 | 20 | 歌厅、舞厅、卡拉 OK 歌舞厅（包括夜总会、练歌房）、音乐茶座（包括酒吧）、网吧、高尔夫球、游艺（如射击、狩猎、跑马、游戏机、蹦极、卡丁车、热气球、动力伞、射箭、飞镖） |
| | 5 | 保龄球、台球 |
| 服务业 | 5 | 代理业、旅店业、饮食业、旅游业、仓储业、租赁业、广告业务及其他服务业 |
| 转让无形资产 | 5 | 转让土地使用权、专利权、非专利技术、商标权、著作权、商誉 |
| 销售不动产 | 5 | 销售建筑物及其他土地附着物 |

【例 5.10】　东胜公司对外提供运输劳务,取得的收入为 50 000 元,营业税率为 3%。东胜公司计算营业税会计分录如下:

借:营业税金及附加　　　　　　　　　　　　　　1 500
　　贷:应交税费——应交营业税　　　　　　　　　　　1 500

东胜公司交纳营业税时:

借:应交税费——应交营业税　　　　　　　　　　1 500
　　贷:银行存款　　　　　　　　　　　　　　　　　1 500

## 【试一试】

东胜公司自己成立了运输部门,除了给本公司提供送货服务外,也对外提供运输劳务,本月对外提供运输劳务的收入 4 000 元,请做出本月应交营业税的分录。

2）消费税

消费税是指在我国境内生产、委托加工应税消费品的单位和个人,按其应税消费品的销售额或销售数量征收的一种流转税。

## 【相关知识】

所谓"应税消费品"是指要交消费税的产品,具体包括5种类型的产品:

第一类:一些过度消费会对人类健康、社会秩序、生态环境等方面造成危害的特殊消费品,如烟、酒、鞭炮、烟花、木制一次性筷子、实木地板等。

第二类:奢侈品、非生活必需品,如贵重首饰、高档手表、化妆品、高尔夫球及球具等。

第三类:高能耗及高档消费品,如游艇、小轿车、摩托车等。

第四类:不可再生和替代的石油类消费品,如汽油、柴油等。

第五类:具有一定财政意义的产品,如汽车轮胎等。

消费税的征收方法按不同的消费品采用从价定率和从量定额两种方法。

从价定率计算公式:

$$应纳税额 = 销售额 × 适用税率$$

从量定额计算公式:

$$应纳税额 = 销售数量 × 单位税额$$

【例5.11】 东胜公司销售所生产的实木地板,价款10 000(不含增值税),适用的消费税率为5%,东胜计算消费税的分录如下:

借:营业税金及附加 500
　　贷:应交税费——应交消费税 500

3）城市维护建设税、教育费附加

按照现行税法规定,城市维护建设税和教育费附加都是根据应交增值税、消费税和营业税之和的一定比例来计算交纳。计算公式如下:

$$应纳城市维护建设税 = (应交增值税 + 应交消费税 + 应交营业税) × 适用税率$$
$$应交教育费附加 = (应交增值税 + 应交消费税 + 应交营业税) × 适用税率$$

## 【相关知识】

城市维护建设税,简称城建税,是我国为了加强城市的维护建设,扩大和稳定城市维护建设资金的来源,对有经营收入的单位和个人征收的一个税种。适用税率按纳税人所在地区不同,分为三档差别比例税率,具体如表5.4所示。

表5.4　城市维护建设税

| 所在地 | 税率/% |
|---|---|
| 市区 | 7 |
| 县城、镇 | 5 |
| 不属于市、县、镇的 | 1 |

教育费附加是国家为了发展我国教育事业,提高人民的文化素质而征收的一项附加费用,税率为3%。

【例5.12】　东胜公司(所在地为重庆市大渡口区)本月实际缴纳的增值税为6 000元、消费税为4 000元、营业税为2 000元。城建税和教育费附加的计算分录如下:

应纳城市维护建设税 = (6 000 + 4 000 + 2 000) × 7% = 840(元)

应交教育费附加 = (6 000 + 4 000 + 2 000) × 3% = 360(元)

借:营业税金及附加　　　　　　　　　　　　　　　　　　1 200

　　贷:应交税费——应交城市维护建设税　　　　　　　　　840

　　　　　　　——应交教育费附加　　　　　　　　　　　360

## 【做一做】

期末将例5.10至例5.12的"营业税金及附加"予以结转。

# 任务2　提供劳务

## 任务概述

- 提供加工、运输、安装劳务的收入核算。
- 劳务成本结转的核算。

## 【相关知识】

劳务通常指其结果不形成有形资产的服务,如加工服务、运输服务、安装服务、建筑安装、软件设计等都属于劳务服务。企业通过提供劳务而取得的收入,即为劳务收入,这也是生产企业灵活经营、获取效益的有效方式。

东胜公司的主要经营业务是生产制造刨花板、中(高)密度纤维板、胶合板,在不影响主营业务的前提下,也可提供加工、运输、安装的兼营劳务,兼营劳务一般通过"其他业务收入"和"其他业务成本"账户核算。

为了便于会计核算,一般以提供的劳务是否跨年度作为划分标准分为以下两种,如表5.5所示。

**表5.5　劳务按是否跨年划分**

| 类　型 | 含　义 |
| --- | --- |
| 不跨年度的劳务 | 是指劳务的开始和完成在同一年度 |
| 跨年度的劳务 | 是指劳务的开始和完成分别在不同年度 |

本章介绍的是不跨年度的劳务收入。

## 5.2.1　提供加工、运输、安装劳务的收入核算

小企业提供劳务的收入和相关税费核算如表5.6所示。

**表5.6　小企业提供劳务的收入和相关税费的核算**

| 具体经济业务 | 核算方法 |
| --- | --- |
| 提供加工劳务 | 借:银行存款(或应收账款)<br>　　贷:其他业务收入<br>　　　　应交税费——应交增值税(销项税额) |
| 提供运输劳务 | 借:银行存款(或应收账款)<br>　　贷:其他业务收入<br>借:营业税金及附加<br>　　贷:应交税费——应交营业税 |
| 提供安装劳务 | 借:银行存款(或应收账款)<br>　　贷:其他业务收入<br>借:营业税金及附加<br>　　贷:应交税费——应交营业税 |

## 【试一试】

东胜公司为外单位加工商品一批,加工费为 30 000 元,适用的增值税率为17%,加工完成,款项已收存银行,东胜公司应该如何做账?

### 5.2.2 劳务成本结转的核算

小企业对外提供劳务所发生的支出,一般先通过"劳务成本"科目予以归集,待确认为费用时,再由"劳务成本"科目转入"其他业务成本"科目。

## 【友情提示】

如果提供的劳务属于小企业的主营业务,收入计入"主营业务收入",那"劳务成本"在归集后也应转入"主营业务成本"。

【例5.13】 东胜公司在为外单位加工商品时,实际发生费用 15 000 元,其中有 5 000 元为加工工人的工资,7 000 元为耗用的材料,3 000 元为银行存款支付的安装费用。东胜公司会计分录如下:

```
借:劳务成本                          15 000
    贷:应付职工薪酬                      5 000
        原材料                          7 000
        银行存款                        3 000
```

在所提供劳务确认收入后,可结转劳务成本:

```
借:其他业务成本                      15 000
    贷:劳务成本                        15 000
```

## 【做一做】

东胜公司在为外单位提供加工劳务时,发生人员工资 7 000 元,用银行存款支付相关的费用 2 000 元;请做出东胜公司发生劳务成本、确认劳务收入后结转成本的相关分录。

# 任务3  出租各种闲置资产

## 任务概述

● 出租固定资产的核算。

- 出租无形资产的核算。
- 出租包装物的核算。

### 5.3.1 出租固定资产的核算

固定资产在前面模块已经提及过,它是使用寿命超过一个会计年度的有形资产。作为企业生产过程中的主要劳动资料,是发展生产事业的物质技术基础,管好用好固定资产,促进固定资产不断增值和提高固定资产的使用效率,是会计工作的重要任务。

当企业持有的固定资产自己不需用或利用效率不高时,将闲置的固定资产出租也是一种增加企业收入的有效方式。

【例5.14】 东胜公司将全新的办公用房一套租给甲单位,租赁合同规定,每月租金收入6 000元,甲单位采用现金支票支付该办公用房每月折旧额为3 700元,东胜公司收到租金的会计分录如下:

借:银行存款　　　　　　　　　　　　　　　6 000
　　贷:其他业务收入　　　　　　　　　　　　　　6 000
计提出租办公用房的折旧:
借:其他业务成本　　　　　　　　　　　　　　3 700
　　贷:累计折旧　　　　　　　　　　　　　　　3 700

## 【友情提示】

出租固定资产是营业税的应税行为,应按照"服务业——租赁业"交纳营业税,税率为5%。

## 【试一试】

接例5.10,请做出东胜公司计算和交纳出租办公用房的营业税分录。

### 5.3.2 出租无形资产的核算

企业出租无形资产,是指将其所拥有的无形资产的使用权让渡给他人,并收取租金。需要注意的是,出租无形资产属于营业税的应税行为,税率为5%。

【例5.15】 东胜公司将一项胶合板加工的专利技术出租给乙单位使用,当期取得租金收入50 000元已存入银行。该项专利技术当期应摊销额为20 000元,按租金收入的5%计算应交纳的营业税。东胜公司取得该专利技术使用费的会计分

录如下:

借:银行存款　　　　　　　　　　　　　　　　　50 000
　　贷:其他业务收入　　　　　　　　　　　　　　　　50 000
对该专利技术进行摊销时:
借:其他业务成本　　　　　　　　　　　　　　　　20 000
　　贷:累计摊销　　　　　　　　　　　　　　　　　20 000
计算应交纳的营业税时:
借:营业税金及附加　　　　　　　　　　　　　　　 2 500
　　贷:应交税费——应交营业税　　　　　　　　　　 2 500

### 5.3.3　出租包装物的核算

前面已提及"包装物"是指为了包装本企业商品而储备的各种包装容器,如桶、箱、瓶、坛、袋等,我们在模块3已学习在供应过程中的相应核算,但当企业持有的部分包装物出现闲置时,企业为了增强资产的利用率,获取更多的收入,可以将包装物予以出租。

【例5.16】　东胜公司将一批刨花板销售给甲单位,为方便其运输将专用的包装袋出租给甲单位,该批包装袋的实际成本为6 000元,租赁收入为8 000元,增值税额为1 360元,款项已存入银行。东胜公司收取租金的会计分录如下:

借:银行存款　　　　　　　　　　　　　　　　　 9 360
　　贷:营业外收入　　　　　　　　　　　　　　　　 8 000
　　　　应交税费——应交增值税(销项税额)　　　　 1 360

## 【学习评价】

根据所学习的内容,填写下列学习评价表,如表5.7所示。

表5.7　学习评价表

| 学习内容 | 学习效果评价 | | |
|---|---|---|---|
| 掌握一般销售业务的核算 | 掌握(　　) | 基本掌握(　　) | 未掌握(　　) |
| 理解涉及商业折扣的销售业务 | 掌握(　　) | 基本掌握(　　) | 未掌握(　　) |
| 理解涉及现金折扣的销售业务 | 掌握(　　) | 基本掌握(　　) | 未掌握(　　) |
| 理解涉及销售折让的销售业务 | 掌握(　　) | 基本掌握(　　) | 未掌握(　　) |
| 理解涉及销售退回的销售业务 | 掌握(　　) | 基本掌握(　　) | 未掌握(　　) |
| 正确计算营业税 | 掌握(　　) | 基本掌握(　　) | 未掌握(　　) |

| 学习内容 | 学习效果评价 |
|---|---|
| 正确计算消费税 | 掌握（ ） 基本掌握（ ） 未掌握（ ） |
| 正确计算城建税和教育费附加 | 掌握（ ） 基本掌握（ ） 未掌握（ ） |
| 掌握营业税金及附加的账务处理 | 掌握（ ） 基本掌握（ ） 未掌握（ ） |
| 理解提供相关劳务收入的核算 | 掌握（ ） 基本掌握（ ） 未掌握（ ） |
| 对结转劳务成本进行核算 | 掌握（ ） 基本掌握（ ） 未掌握（ ） |
| 出租固定资产的核算 | 掌握（ ） 基本掌握（ ） 未掌握（ ） |
| 出租无形资产的核算 | 掌握（ ） 基本掌握（ ） 未掌握（ ） |
| 出租包装物的核算 | 掌握（ ） 基本掌握（ ） 未掌握（ ） |

## 【任务检测】

一、单项选择题

1. 下列税金中,不应该计入"营业税金及附加"账户的是（　　　）。

　　A. 消费税　　　　B. 增值税　　　　C. 营业税　　　　D. 城市维护建设税

2. 企业对于已经发出但不符合收入确认条件的商品,其成本应借记的科目是（　　　）。

　　A. 其他业务成本　　　　　　　　B. 发出商品

　　C. 库存商品　　　　　　　　　　D. 主营业务成本

3. 企业销售商品时代垫的运杂费应计入（　　　）。

　　A. 应收账款　　　　　　　　　　B. 其他应收款

　　C. 包装物出租收入　　　　　　　D. 预付账款

4. 下列哪项产品应该交纳消费税?（　　　）

　　A. 书籍　　　　B. 蛋糕　　　　C. 鞭炮　　　　D. 皮鞋

5. 东胜公司销售某高纤维板,每张 500 元,甲公司于 8 月 5 日购买该商品 200件,款项尚未支付,按规定现金折扣为 2/10,1/20,N/30,适用的增值税税率为17%,该企业于 8 月 23 日收到该笔款项时,应给予客户的现金折扣为（　　　）元,假定计算时不考虑增值税。

　　A. 2 000　　　　B. 1 800　　　　C. 1 000　　　　D. 900

二、核算题

1. 东胜公司将一台闲置的设备对外经营出租,取得租金收入 5 000 元,当月,该固定资产计提折旧 3 000 元。

2. 东胜公司销售一批实木地板,售价 80 000 元,增值税 13 600 元,企业已办妥托收手续,产品已发出,该批产品的成本为 60 000 元,已知实木地板适用的消费税税率为 5%。请做出确认销售和结转成本的分录。

3. 企业换季促销商品,全面 8 折,售出 200 件,原售价 10 000 元,款项收存银行。请做出确认销售的分录。

4. 3 月 10 日,东胜公司销售产品一批给甲公司,价款 100 000 元,增值税 17 000 元,款项尚未收到,产品已发出。双方确定付款方式为 2/10,1/20,N/30;3 月 18 日,A 企业收到 B 公司交来的款项,存入银行。请做出相关分录。

5. 东胜上月销售的胶合板中有 100 件存在质量问题,后经双方协商,同意退货 20 件,80 件给予 20% 的折让,该批商品每件售价为 100 元,成本为 80 元,已结转销售成本。请分别做出销售退回和销售折让的分录。

6. 东胜公司将一项商标权出租,取得租金收入 2 000 元,该项无形资产当月应摊销的价值为 1 000 元,营业税税率为 5%,请做出相关分录。

7. 东胜公司以银行存款支付本企业负担的运输费 3 000 元。

8. 经计算,东胜公司本月应纳增值税为 8 500 元,应纳消费税为 4 000 元,应纳营业税为 100 元,请做出东胜公司计提城建税和教育费附加的分录。

9. 东胜公司 3 月 1 日销售一批商品,不含税价款为 120 000 元,实际成本 75 000元,销售信用条件为 2/10,1/20,N/30,该笔款项于 15 天后收到(只对货款部分给予现金折扣);3 月底,客户认为 3 月 1 日销售的商品品种不符合要求,并要求退货,公司已经同意并退款。根据所述经济业务进行相应的账务处理。

10. 企业上月销售的产品因规格与合同不符,双方协商后,同意在价格上给予购买方 5% 的销售折让,开出增值税红字发票。该批产品的售价为 20 000 元,款项已收存银行。

# 模块 6

# 小微企业利润形成及分配环节核算

## 模块综述

利润是小微企业在一定期间的经营成果,是企业的收入减去有关的成本与费用的差额。收入大于相关的成本与费用,企业就可获取盈利,当期利润为正;收入小于相关的成本与费用,企业就会发生亏损,当期利润为负。

小微企业作为独立核算的经济实体,其生产经营的最终目的,就是要努力扩大收入,尽可能地降低成本与费用,努力提高企业盈利水平,增强企业的活力。企业只有最大限度地获取利润,才能为投资者提供尽可能高的投资报酬,为社会创造尽可能多的财富,从而促进社会生产的不断发展。

因此,正确地计算利润和按法定程序分配利润对企业来说尤为重要,能帮助小微企业的决策者评价和预测企业的获利能力,帮助小微企业管理人员作出经营决策,作为评价和考核管理人员的绩效。

通过本模块的学习,能正确地计算企业的各种利润,理解会计利润和所得税利润之间的差异,企业所得税和利润分配的相关账务处理等。

## 知识与技能目标

1.掌握小微企业利润形成和利润分配过程中经济业务的基本核算。
2.掌握小微企业计算利润的基本方法。

# 任务 1 明确利润总额的构成

## 任务概述

- 认识利润总额的构成。
- 对营业外收支活动进行核算。
- 核算利润总额。

## 【相关知识】

在市场经济条件下,追求利润最大化已成为企业生产经营活动的主要目标之一。利润是企业生存与发展的必要条件,也是考核和分析企业管理水平高低的一项综合性指标。

图6.1

利润是企业在一定会计期间的经营成果,是企业一定期间经营业绩和获利能力的综合反映。通过利润指标,既可以评价企业管理层的经营业绩,也可以为投资人、债权人等财务报告使用者进行决策提供重要的依据。东胜公司同样只有获得尽可能多的利润,才能在激烈市场竞争中谋求生存和发展。

### 6.1.1 认识利润总额的构成

企业的利润总额既有通过生产经营活动获得的,也有通过投资活动取得的,还包括那些与生产经营活动无直接关系的事项所引起的盈亏,是企业生产经营成果的综合反映,由营业利润、营业外收入和营业外支出三部分构成。其计算方法如下:

利润总额 = 营业利润 + 营业外收入 - 营业外支出

#### 1)营业利润

营业利润是指企业生产经营活动所产生的利润,是企业利润的主要来源。它主要受企业的经营规模、市场占有率、开展多元化经营的程度以及成本费用控制水平等因素的影响。其计算方法如下:

营业利润 = 营业收入 - 营业成本 - 营业税金及附加 - 销售费用 -
管理费用 - 财务费用 + 投资收益( - 投资损失)

（1）营业收入

营业收入是指企业在生产经营活动中由于销售商品、提供劳务等所取得的货币收入，一般由"主营业务收入"和"其他业务收入"两部分构成。

（2）营业成本

营业成本是指企业在一定期间为取得一定的主营业务收入和其他业务收入所发生的货币支出，与营业收入相对应，企业的营业成本一般由"主营业务成本"和"其他业务成本"构成。

（3）营业税金及附加

营业税金及附加是指应由营业收入（包括主营业务收入和其他业务收入）计算出的各种税金及附加费，主要包括营业税、消费税、城市维护建设税和教育费附加等。

（4）销售费用、管理费用和财务费用

这三项费用均为期间费用，销售费用是指企业在销售商品和材料、提供劳务的过程中发生的各种费用；管理费用是指企业在行政管理部门为组织和经营活动而发生的各项费用；财务费用是指企业为筹集生产经营所需资金等而发生的筹资费用。

（5）投资收益

投资收益是指企业以各种方式对外投资所取得的收益或发生的损失。该账户的贷方发生额表示投资收益，借方发生额表示投资损失（计算时用负数）。

2）营业外收入

营业外收入是指小企业非日常生产经营活动形成的、应当计入当期损益、会导致所有者权益增加、与所有者投入资本无关的经济利益的净流入。具体包括的内容在下一节有详细讲解。

3）营业外支出

营业外支出是指小企业非日常生产经营活动发生的、应当计入当期损益、会导致所有者权益增加、与向所有者分配利润无关的经济利益的净流出。具体包括的内容在下一节有详细讲解。

### 6.1.2 对营业外收支活动进行核算

营业外收入和营业外支出反映的是企业非日常活动的业绩,小微企业应当严格划分收入和营业外收入、费用和营业外支出之间的界限,以便更加全面地反映企业的经营业绩。

#### 1)营业外收入

营业外收入是指小微企业发生的与其日常生产经营活动无直接关系的各项利得。小企业营业外收入的类别如表6.1所示。

表6.1 小企业营业外收入的类别

| 营业外收入的类别 | 核算方法 |
| --- | --- |
| 捐赠收益 | 借:银行存款/固定资产等<br>　贷:营业外收入 |
| 盘盈收益 | (1)审批前,先按市场价格或评估价值(或评估净值):<br>借:原材料/固定资产等<br>　贷:待处理财产损溢<br>(2)然后按批准权限经批准后处理:<br>借:待处理财产损溢<br>　贷:营业外收入 |
| 政府补助收入 | (1)用于补助即将发生的费用或购置资产的:<br>收到补助款时:<br>借:银行存款<br>　贷:递延收益<br>在相应费用发生或相关资产折旧、摊销计提时:<br>借:递延收益<br>　贷:营业外收入<br>(2)用于补助已发生的费用开支时,则直接记入:<br>借:银行存款<br>　贷:营业外收入<br>政府补助尽管最终均转入营业外收入,但核算不完全一致 |

| 营业外收入的类别 | 核算方法 |
|---|---|
| 汇兑收益 | 借:银行存款——外币存款<br>/应收账款——外币应收款<br>/应付账款——外币应付款<br>贷:营业外收入 |
| 发生已做坏账损失处理后又收回的应收款项 | 借:银行存款<br>贷:营业外收入 |
| 收到的先征后退、先征后返还的企业所得税、营业税、消费税、增值税(不含出口退税)等 | 借:银行存款<br>贷:营业外收入 |
| 确认的出租包装物和商品的租金收入、逾期未退包装物押金收益、确实无法偿付的应付账款、违约金收益等 | 借:银行存款/其他应付款/应付账款等<br>贷:营业外收入 |
| 非流动资产处置净收益(包括固定资产处置净收益和无形资产出售净收益)比照"固定资产清理""无形资产"等科目的相关规定 | 借:固定资产清理等<br>贷:营业外收入 |
| 期末,结转营业外收入 | 借:营业外收入<br>贷:本年利润 |

企业通过"营业外收入"科目,核算营业外收入的取得及结转情况。该科目贷方登记企业确认的各项营业外收入,借方登记期末结转入本年利润的营业外收入。结转后该科目应无余额。该科目应按照营业外收入的项目进行明细核算。

## 【知识拓展】

所谓政府补助是指小企业从政府无偿取得货币性资产或非货币性资产,但不含政府作为小企业所有者投入的资本。

## 【做一做】

2012年8月,东胜公司发生如下收入事项:

固定资产报废清理的净收益8 200元转作营业外收入;应付甲公司货款20 000元,因该公司撤销而无法支付,经批准予以转账;期末,将营业外收入28 200元转入本年利润。

### 2)营业外支出

营业外支出是指小微企业发生的与其生产经营无直接关系的各项支出,小企业营业外支出的类别如表6.2所示。

表6.2　小企业营业外支出的类别

| 营业外支出的类别 | 核算方法 |
| --- | --- |
| 存货损失、资产盘亏损失、自然灾害等不可抗力因素造成的损失(非常损失) | 借:营业外支出<br>　　贷:待处理财产损溢等 |
| 非流动资产处置净损失(包括固定资产、无形资产处置净损失)比照"固定资产清理""无形资产"等科目的相关规定 | 借:营业外支出<br>　　贷:固定资产清理等 |
| 捐赠支出、赞助支出或者被没收财物的损失 | 借:营业外支出<br>　　贷:银行存款/库存商品/固定资产清理等 |
| 支付税收滞纳金、罚金、罚款时 | 借:营业外支出<br>　　贷:银行存款 |
| 期末,结转营业外支出 | 借:本年利润<br>　　贷:营业外支出 |

企业通过"营业外支出"科目,核算营业外支出的发生及结转情况。该科目借

方登记企业发生的各项营业外支出,贷方登记期末结转入本年利润的营业外支出。结转后该科目应无余额。该科目应按照营业外收入的项目进行明细核算。

【例6.1】　东胜公司报废一项固定资产,请做出结转该项固定资产的清理损失1 200元的分录(该设备原值80 000元,已提折旧76 000元,残值收入3 200元,发生清理费400元)。

借:营业外支出　　　　　　　　　　　　　　　　　　　　1 200
　　贷:固定资产清理　　　　　　　　　　　　　　　　　1 200

【例6.2】　东胜公司在清查财产过程中,发现盘亏机床一台,该设备原值为50 000元,已提折旧32 000元。

借:营业外支出　　　　　　　　　　　　　　　　　　18 000
　　累计折旧　　　　　　　　　　　　　　　　　　　32 000
　　贷:固定资产　　　　　　　　　　　　　　　　　　　50 000

【例6.3】　东胜公司以50 000元的价格转让一项商标权,该商标权的账面余额为65 000元,营业税率5%,东胜公司应做分录如下:

借:银行存款　　　　　　　　　　　　　　　　　　　50 000
　　营业外支出　　　　　　　　　　　　　　　　　　17 500
　　贷:无形资产　　　　　　　　　　　　　　　　　　　65 000
　　应交税费——应交营业税　　　　　　　　　　　　　 2 500

## 6.1.3　核算利润总额

小微企业一般按月计算利润,对于按月计算利润确有困难的小微企业,可以按季度或年度计算利润;前面已介绍小企业利润总额的构成和计算方法,相关的核算则在本节学习。

为了反映企业利润的形成过程和组成内容,应当设置"本年利润"科目,对本企业每期实现的净利润(或发生的净亏损)进行核算。"本年利润"为所有者权益账户,借方登记从损益类账户转入的费用数,贷方登记从损益类账户转入的收入数。

图6.2

## 【友情提示】

"投资收益"科目期末余额在贷方则反映净收益,则贷记"本年利润";如果"投资收益"科目期末余额在借方则反映净损失,则借记"本年利润"。

本年利润

| 借 | 贷 |
|---|---|
| 主营业务成本 | 主营业务收入 |
| 其他业务成本 | 其他业务收入 |
| 营业税金及附加 | 营业外收入 |
| 销售费用 | 投资收益 |
| 管理费用 | |
| 财务费用 | |
| 营业外支出 | |
| （投资损失） | |
| 将本期收入和支出相抵后得出余额在借方则为亏损总额 | 将本期收入和支出相抵后得出余额在贷方则为利润总额 |

**图6.3 本年利润**

【例6.4】 2012 年 12 月 31 日,东胜公司转账前各损益类账户余额如表6.3所示,东胜公司应做分录如下:

表6.3 东胜公司转账前各损益类账户余额

| 账 户 | 贷方金额 | 借方金额 |
|---|---|---|
| 主营业务收入 | 50 000 000 | |
| 其他业务收入 | 300 000 | |
| 投资收益 | 80 000 | |
| 营业外收入 | 10 000 | |
| 主营业务成本 | | 36 000 000 |
| 营业税金及附加 | | 100 000 |
| 其他业务成本 | | 80 000 |
| 管理费用 | | 2 000 000 |
| 销售费用 | | 500 000 |
| 财务费用 | | 600 000 |
| 营业外支出 | | 50 000 |

结转收入类账户:

借:主营业务收入                               50 000 000

| 其他业务收入 | 300 000 |
| 投资收益 | 80 000 |
| 营业外收入 | 10 000 |
| 贷:本年利润 | 50 390 000 |

结转支出类账户:

| 借:本年利润 | 39 330 000 |
| 贷:主营业务成本 | 36 000 000 |
| 营业税金及附加 | 100 000 |
| 其他业务成本 | 80 000 |
| 管理费用 | 2 000 000 |
| 销售费用 | 500 000 |
| 财务费用 | 600 000 |
| 营业外支出 | 50 000 |

经过以上结转后,东胜公司12月份"本年利润"科目如图6.4所示。

本年利润

| 借 | 贷 |
|---|---|
| 39 330 000 | 50 390 000 |
| | 11 060 000 |

图6.4　本年利润

## 【友情提示】

将东胜公司12月份的收入和支出相抵后,可以明显看出余额在贷方,即 11 060 000为东胜公司12月份的利润总额。

## 【做一做】

东胜公司本年度有关损益类账户结转前余额如下:

主营业务收入60万元,主营业务成本18万元,主营业务税金及附加6万元,其他业务收入14万元,其他业务支出3万元,管理费用2万元,营业费用1万元,财务费用5万元,投资收益(借)7万元,营业外收入10万元,营业外支出6万元,其中,3万元为税收滞纳金。请计算:该企业本年度的主营业务利润、营业利润、利润总额、所得税、净利润;并做出结转损益类账户的分录。

## 任务 2　核算所得税费用

### 任务概述

- 认识利润总额与应纳税所得额之间的差异。
- 计算应纳税所得额与应纳所得税额。
- 对所得税费用进行核算。

### 6.2.1　利润总额和应纳税所得额之间的差异

**1）利润总额**

利润总额是按照会计制度的规定计算的,因此又称利润总额为会计上的利润,其计算方法前已述及,如下:

$$利润总额 = 营业利润 + 营业外收入 - 营业外支出$$

**2）应纳税所得额**

应纳税所得额是根据税法规定计算出来的,又称为税法上的利润,是缴纳企业所得税的依据;会计制度与税法有差异,据两种方法计算出的利润就不一定相等,即利润总额不一定等于应纳税所得额。

因此需要汇算清缴进行调整,根据法律位阶,税法是高于会计制度的,经过对利润总额进行符合税法的调整,得到的数字则为应纳税所得额,二者之间的关系如下:

应纳税所得额 = 利润总额 ± 纳税调整项目

### 【相关知识】

按照会计法规计算确定的会计利润与按照税收法规计算确定的应纳税所得额对同一个企业的同一个会计时期来说,计算出的结果往往不一致,在计算口径和确认时间方面存在一定的差异,即计税差异,这个差异称为纳税调整项目。利润总额是根据会计制度计算出来的,因此企业在计算利润总额时有些成本和费用不符合税法规定的扣除标准,经过调整后利润总额或增或减,才能和课税所得额一致。

### 6.2.2　计算应纳税所得额与应纳所得税额

**1）通过利润总额计算应纳税所得额**

前一节内容中已介绍利润总额和应纳所得税额之间的关系,可以在利润总额的基础上计算出应纳税所得额,即

应纳税所得额 = 利润总额 ± 纳税调整项目

## 【友情提示】

企业所得税的纳税调整项目有几十项,为了便于同学们掌握,本书则列举其中一些主要差异部分,因此可将上诉公式进一步分解如下:

应纳税所得额 = 利润总额 + 不准予扣除的项目 – 国债利息收入 –
未弥补的 5 年内的亏损

## 【友情提示】

不准予扣除的项目有:
①资本性支出;
②无形资产转让、开发支出;
③违法经营罚款和被没收财务的损失;
④各项税收滞纳金、罚金和罚款;
⑤自然灾害或意外事故损失有赔偿的部分;
⑥各种赞助性(非广告性)支出;
⑦超过计税工资的工资支出等。

**【例 6.5】**　东胜公司 2012 年初尚有未弥补的亏损 120 000 元,其中,20 000 元超过 5 年。本年获得国债利息收入 50 000 元,违约经营罚款支出 20 000 元,税收滞纳金 10 000 元。请计算东胜公司的应纳税所得额。

在【例 6.4】已计算出东胜公司 2012 年的利润总额为 11 060 000 元,因此,

应纳税所得额 = 11 060 000 – 100 000 – 50 000 + 20 000 + 10 000
= 10 940 000(元)

## 【友情提示】

未弥补的亏损总额虽为 120 000 元,但 20 000 元超过 5 年,因此不能在此扣除,所以只扣除了 100 000 元。

2）通过各项收入计算应纳税所得额

如果在未知利润总额的基础下，也可以通过下列这个公式计算：

应纳税所得额 ＝ 收入总额 － 不征税收入 － 免税收入 －

准予扣除项目金额 － 未弥补的 5 年亏损

## 【友情提示】

上列公式中各项目内容的含义如表6.4所示。

表6.4　公式中各项目内容的含义

| 公式项目 | 具体含义 |
|---|---|
| "收入总额" | 一般理解成会计制度上的主营业务收入 ＋ 其他业务收入 ＋ 投资收益 ＋ 营业外收入。 |
| "不征税收入" | 是指不列入企业所得税征税范围的收入。收入总额中的下列收入为不征税收入：财政拨款、财政贴息和税收返还等。 |
| "免税收入" | 是指企业应纳税所得额免予征收企业所得税的收入。按照《企业所得税法》的规定，企业的免税收入包括：<br>①国债利息收入，是指纳税人购买中央财政代表中央政府发行的国债而按其获得的利息收入。本规定主要是鼓励企业购买国债，支持国家建设。<br>②符合条件的居民企业之间的股息、红利等权益性投资收益。本规定主要解决企业重复征税问题。<br>③在中国境内设立机构、场所的非居民企业从居民企业取得与该机构、场所有实际联系的股息、红利等权益性投资收益。主要也是解决企业重复征税问题。<br>④符合条件的非营利组织的收入，是指非营利组织在开展业务活动过程中所获得的非营利收入。主要是鼓励各企业从事公益性的经营服务。 |

| 公式项目 | 具体含义 |
|---|---|
| "准予扣除项目金额" | ①成本和费用类,指纳税人在一定期间的生产、经营活动中,为了获取生产、经营收入而耗费的各项费用。<br>②损失类,指纳税人在生产、经营过程中发生的在营业外支出中列支的损失及其他项目、投资损失等。主要包括:a.固定资产盘亏、报废和毁损的损失;b.非季节性和非修理期间的停工损失;c.非常损失;d.赔偿金;e.投资损失。<br>③税金类,指企业交纳的消费税、营业税、资源税和城市维护建设税、教育费附加等产品销售税金及附加,以及发生的房产税、车船使用税、土地使用税、印花税等。<br>④其他支出类,指企业经营活动过程中发生的,除成本、费用、税金和损失以外的,其他有关的合理支出。例如公益事业或救济方面的捐赠,以及按税法规定缴纳的有关税收。 |
| "未弥补的5年亏损" | 指的是企业从本年度往前倒数连续5年发生的亏损额。例如,计算2012年应纳税所得额时,可以减掉"以前年度亏损"有2011年、2010年、2009年、2008年、2007年这5年发生的未弥补的亏损额。 |

【例6.6】 东胜公司20××年销售收入为280万元,其他收入为120万元(其中含财政拨款20万元、国债利息收入10万元),各项成本支出200万元,以前年度的亏损均已得到弥补。请计算当年东胜公司应纳税所得额。

应纳税所得额 = 280万 + 120万 − 20万 − 10万 − 200万 = 170万(元)

## 【做一做】

东胜公司20××年末发生如下收支:

产品销售收入160万元,国债利息收入5万元,股票股利收入4万元,违约罚款收入8万元,产品销售成本60万元,营业税10万元,消费税5万元,增值税5万元,非广告性赞助支出6万元。请计算东胜公司本年度应纳税所得额。

3)应纳所得税额的计算

应纳所得税额 = 应纳税所得额 × 所得税税率

## 【相关知识】

(一般)企业所得税的税率为25%。

符合条件的小型微利企业,减按20%的税率征收企业所得税。

国家需要重点扶持的高新技术企业,减按15%的税率征收企业所得税。

【例6.7】 接例6.5计算东胜公司2012年应纳所得税额,东胜公司是小型企业,因此适用税率是20%。

应纳所得税额 = 10 940 000 × 20% = 2 188 000(元)

## 【试一试】

请计算例6.6的应纳所得税额。

## 【知识窗】

符合条件的小型微利企业,是指从事国家非限制和禁止行业,并符合下列条件的企业:①工业企业,年度应纳税所得额不超过30万元,从业人数不超过100人,资产总额不超过3 000万元。②其他企业,年度应纳税所得额不超过30万元,从业人数不超过80人,资产总额不超过1 000万元。

国家需要重点扶持的高新技术企业,是指拥有核心自主知识产权,并同时符合下列条件的企业:①产品(服务)属于《国家重点支持的高新技术领域》规定的范围;②研究开发费用占销售收入的比例不低于规定比例;③高新技术产品(服务)收入占企业总收入的比例不低于规定比例;④科技人员占企业职工总数的比例不低于规定比例;⑤高新技术企业认定管理办法规定的其他条件。

### 6.2.3 所得税费用的核算

小企业应设置"所得税费用"科目来核算所上缴的企业所得税,该科目借方登记计算出的所得税额,贷方登记转入"本年利润"的所得税额,期末无余额。具体核算步骤如表6.5所示。

表6.5 所得税费用的核算

| 具体经济业务 | 核算方法 |
| --- | --- |
| 计算所得税 | 借:所得税费用<br>　贷:应交税费——应交所得税 |
| 缴纳所得税 | 借:应交税费——应交所得税<br>　贷:银行存款 |
| 结转所得税 | 借:本年利润<br>　贷:所得税费用 |

**【例6.8】** 接例6.7请做出东胜公司计算、缴纳和结转所得税的分录。

借:所得税费用　　　　　　　　　　　　　　　　　　2 188 000

　　贷:应交税费——应交所得税　　　　　　　　　　　　　　2 188 000

借:应交税费——应交所得税　　　　　　　　　　　　2 188 000

　　贷:银行存款　　　　　　　　　　　　　　　　　　　　　2 188 000

借:本年利润　　　　　　　　　　　　　　　　　　　2 188 000

　　贷:所得税费用　　　　　　　　　　　　　　　　　　　　2 188 000

## 【友情提示】

在例6.4中"本年利润"已经结转过除"所得税费用"以外的损益类账户,计算出的利润总额为11 060 000 元,再结转所得税费用后,情况如图6.5所示。

本年利润

| 借 | 贷 |
|---|---|
| 所得税费用 2 188 000 | 利润总额 11 060 000 |
| | 净利润 8 872 000 |

可知东胜公司2012年的净利润为8 872 000 元。

即:净利润＝利润总额－所得税费用

**图6.5　本年利润**

# 任务3　进行利润分配

## 任务概述

- 明确可供分配的利润。
- 明确分配顺序。
- 进行利润分配过程的核算。

### 6.3.1　可供分配的利润

小企业本年实现的净利润加上年初未分配利润(或减去年初未弥补亏损)则为可供分配的利润。

## 【友情提示】

年初未分配的利润是指企业以前年度分配后剩余的利润;而年初未弥补的亏

损则正好相反,是企业以前年度发生的亏损,尚未被弥补,在计算可供分配利润时,则不受 5 年限制。

【例 6.9】 计算东胜公司 2012 年可供分配的利润。

从例 6.8 计算出东胜公司的净利润为 8 872 000 元,从例 6.5 中知道年初有未弥补的亏损 120 000 元,因此

可供分配的利润 = 净利润 + 年初未分配的利润( - 年初未弥补的亏损)
= 8 872 000 - 120 000 = 8 752 000(元)

## 【试一试】

东胜公司 2010 年实现净利润 5 060 000 元,2010 年年初有未分配的利润 67 000元,请计算东胜公司 2010 年可供分配的利润。

### 6.3.2 利润分配顺序

小企业利润分配的过程和结果,不仅关系到所有者的合法权益是否得到保护,而且还关系到企业能否长期、稳定的发展。因此尽管可供分配的利润是由小企业完全掌控,由小企业自由分配,但仍有一定的顺序需要遵守,一般按如图 6.6 所示顺序进行分配。

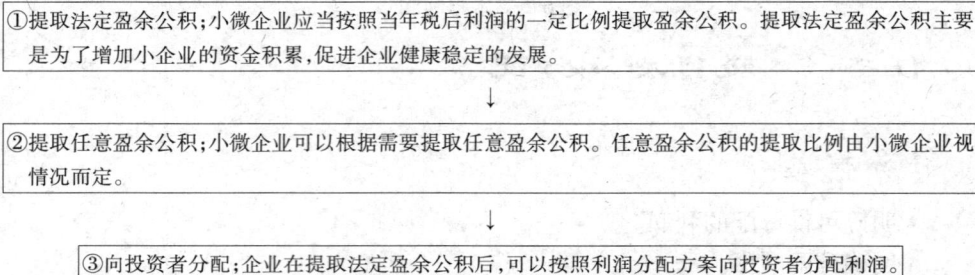

①提取法定盈余公积;小微企业应当按照当年税后利润的一定比例提取盈余公积。提取法定盈余公积主要是为了增加小企业的资金积累,促进企业健康稳定的发展。

↓

②提取任意盈余公积;小微企业可以根据需要提取任意盈余公积。任意盈余公积的提取比例由小微企业视情况而定。

↓

③向投资者分配;企业在提取法定盈余公积后,可以按照利润分配方案向投资者分配利润。

图 6.6 利润分配顺序

## 【相关知识】

法定盈余公积,是指按照企业净利润和法定比例计提的盈余公积。它的提取比例一般为净利润的 10%,当法定盈余公积累计金额达到企业注册资本 50% 以上时,可以不再提取。法定盈余公积是国家法律规定必须提取的,它可以用于弥补公司亏损;扩大公司生产经营;转增公司资本(转增时所留存的该科目余额不得少于转增前注册资本的 25%)。

任意盈余公积的用途与法定盈余公积相同,二者的区别在于其各自计提的依

据不同。法定盈余公积以国家的法律或行政规章为依据计提,任意盈余公积则由企业自行决定提取。

### 6.3.3　利润分配的核算

为了完成小企业利润分配的过程,应设置"利润分配"账户,该账户核算企业利润的分配(或亏损的弥补)和利润分配(或补亏)后的积存余额,如图6.7所示。

利润分配

| 借 | 贷 |
| --- | --- |
| 从"本年利润"转入的亏损 | 从"本年利润"转入的净利润 |
| 提取法定盈余公积 | |
| 提取任意盈余公积 | |
| 向投资者分配利润 | |
| 余额在借方则表示累积未弥补的亏损 | 余额在贷方则表示累积未分配的利润 |

**图6.7　利润分配**

"利润分配"账户下应分别设置明细科目,以便核算。明细科目应包括"提取法定盈余公积""提取任意盈余公积""应付利润""未分配利润"等。

小企业利润分配的核算如表6.6所示。

**表6.6　小企业利润分配的核算**

| 具体经济业务 | 核算方法 |
| --- | --- |
| 结转本年发生的亏损(因为是亏损则没有后面分配利润的分录) | 借:利润分配——未分配利润<br>　　贷:本年利润 |
| 结转本年净利润 | 借:本年利润<br>　　贷:利润分配——未分配利润 |
| 提取法定盈余公积和任意盈余公积 | 借:利润分配——提取法定盈余公积<br>　　　　　　——提取任意盈余公积<br>　　贷:盈余公积——法定盈余公积<br>　　　　　　——任意盈余公积 |
| 向投资者分配利润 | 借:利润分配——应付利润<br>　　贷:应付利润 |
| 用盈余公积弥补亏损 | 借:盈余公积<br>　　贷:利润分配——盈余公积补亏 |

续表

| 具体经济业务 | 核算方法 |
| --- | --- |
| 将"利润分配"科目下的其他明细科目的余额转入"利润分配——未分配利润"科目 | 借:利润分配——未分配利润<br>　贷:利润分配——提取法定盈余公积<br>　　　　　　——提取任意盈余公积<br>　　　　　　——应付利润<br>　　　　　　——盈余公积补亏<br>【友情提示】结转后,除"未分配利润"明细科目外,利润分配的其他明细科目应无余额 |

【例6.10】　东胜公司某年实现的净利润为 5 200 000 元,"利润分配"账户余额为 0,东胜公司按 10% 提取法定盈余公积,并决定向投资者分配 900 000 元的利润,请做出相关分录。

法定盈余公积 = 5 200 000 × 10% = 520 000(元)

借:利润分配——提取任意盈余公积　　　　　　　　　520 000

　　利润分配——应付利润　　　　　　　　　　　　　900 000

　　贷:盈余公积——任意盈余公积　　　　　　　　　520 000

　　　　应付利润　　　　　　　　　　　　　　　　　900 000

结转入"未分配利润":

借:利润分配——未分配利润　　　　　　　　　　　　520 000

　　贷:利润分配——提取法定盈余公积　　　　　　　900 000

　　　　　　　——应付利润　　　　　　　　　　　　520 000

## 【友情提示】

"利润分配"账户下有很多明细科目,期末时除了"——未分配利润"以外的所有明细科目的发生额都要结转进入"利润分配——未分配利润"。

## 【学习评价】

根据所学习的内容,填写下列学习评价表,如表6.7所示。

表6.7　学习评价表

| 学习内容 | 学习效果评价 | | |
|---|---|---|---|
| 营业利润的计算 | 掌握（　） | 基本掌握（　） | 未掌握（　） |
| 营业外收支的内容 | 掌握（　） | 基本掌握（　） | 未掌握（　） |
| 营业外收支的账务处理 | 掌握（　） | 基本掌握（　） | 未掌握（　） |
| 计算利润总额 | 掌握（　） | 基本掌握（　） | 未掌握（　） |
| 利润总额的核算 | 掌握（　） | 基本掌握（　） | 未掌握（　） |
| 理解利润总额和应纳税所得额的差异 | 掌握（　） | 基本掌握（　） | 未掌握（　） |
| 正确计算应纳税所得额 | 掌握（　） | 基本掌握（　） | 未掌握（　） |
| 正确计算应纳所得税额 | 掌握（　） | 基本掌握（　） | 未掌握（　） |
| 所得税费用的账务处理 | 掌握（　） | 基本掌握（　） | 未掌握（　） |
| 计算可供分配的利润 | 掌握（　） | 基本掌握（　） | 未掌握（　） |
| 掌握利润分配的顺序 | 掌握（　） | 基本掌握（　） | 未掌握（　） |
| 掌握利润分配的账务处理 | 掌握（　） | 基本掌握（　） | 未掌握（　） |
| 对短期借款、长期借款利息进行核算 | 掌握（　） | 基本掌握（　） | 未掌握（　） |

# 【任务检测】

一、单项选择

1. 东胜公司2月份的主营业务收入为100万元，主营业务成本为80万元，管理费用为5万元，投资收益为10万元。假定不考虑其他因素，东胜公司当月的营业利润为（　　）万元。

　　A. 20　　　　　　B. 15　　　　　　C. 18　　　　　　D. 25

2. 东胜公司2008年发生亏损100万元，2009年实现税前会计利润600万元，其中包括国债利息收入50万元，在营业外支出中有税收滞纳金罚款70万元，所得税率25%，不考虑其他因素，2009年的所得税费用为（　　）万元。

　　A. 130　　　　　B. 171.6　　　　C. 155　　　　　D. 520

3. 东胜公司各月月末将损益类账户的余额转入"本年利润"账户，则12月31日各损益类账户转账后，"本年利润"账户的贷方余额表示（　　）。

　　A. 本年度12月份实现的净利润

　　B. 本年度全年实现的净利润

C.本年度12月份实现的利润总额

D.本年度全年实现的利润总额

4.下列各项投资收益中,按税法规定免交所得税,在计算应纳所得税额时应予调整的项目是(　　)。

A.股票转让净收益　　　　　　B.公司债券转让净收益

C.国债利息收入　　　　　　　D.公司债券利息收入

5.小微企业的下列各项收入中,属于营业外收入的是(　　　　)。[多项选择]

A.转让技术使用权的收入　　　B.出租固定资产的租金收入

C.出售固定资产的净收益　　　D.出租包装物的租金收入

二、核算题

1.月末结转有关损益账户,其中主营业务收入700万元。主营业务成本300万元,主营业务税金及附加100万元。其他业务收入1万元,其他业务支出0.8万元,投资收益0.2万元,管理费用5万元,财务费用0.7万元,营业外收入5万元。请做出结转上述损益类账户的相应会计分录,并计算出营业利润和利润总额。

2.由于违约,东胜公司按合同约定支付违约金50 000元。

3.由于供货方违约,东胜公司按合同约定收到对方支付的违约金80 000元。

4.东胜公司向灾区捐款100 000元,根据上述经济业务,请做出账务处理。

5.年末,东胜公司按税法规定计算出来的应纳税所得额为200 000元,其适用的所得税率为25%,请编制计算上交结转所得税的分录。

6.东胜公司收到主管税务机关退还的多交的所得税120 000元。

三、计算题

1.东胜公司某年利润表中的利润总额为800万元,适用的所得税税率为25%,有以下会计和税收之间的差异。

(1)国债利息收入80万元。

(2)违反税收政策支付的罚款40万元。

假定除以上事项外,无其他纳税调整事项,请计算东胜公司本年的应纳税所得额和应交所得税,并编制相关分录。

2.东胜公司2008年度有关资料如下:

(1)利润总额为1 000万元。

(2)发生超标业务招待费50万元。

(3)国债利息收入20万元。

要求:(1)计算东胜公司2008年应纳税所得额。

(2)计算东胜公司2008年所得税费用。

（3）计算东胜公司2008年净利润。

3.东胜公司本年度有关损益类账户结转前余额如下：

主营业务收入75万元，主营业务成本40万元，消费税2万元，营业税1万元，其他业务收入14万元，其他业务支出6万元，管理费用3万元，财务费用（贷）2万元，营业费用5万元（其中非广告性赞助支出3万元），投资收益（借）6万元，营业外收入7万元，营业外支出5万元，上年未弥补的亏损8万元。请计算：该企业本年度的主营业务利润、营业利润、利润总额、所得税、净利润。（假定无其他纳税调整事项）

4.东胜公司有关损益类账户发生额如表6.8所示。

表6.8　东胜公司有关损益类账户发生额

单位:元

| 账户名称 | 借方发生额 | 贷方发生额 |
|---|---|---|
| 主营业务收入 | 600 000 | 2 800 000 |
| 主营业务税金及附加 | 30 000 | 20 000 |
| 主营业务成本 | 150 000 | |
| 其他业务收入 | 60 000 | 30 000 |
| 其他业务支出 | 15 000 | |
| 管理费用 | 8 000 | 2 000 |
| 财务费用 | 7 000 | |
| 营业费用 | | 4 000 |
| 投资收益 | 45 000 | 35 000 |
| 营业外收入 | 25 000 | 85 000 |
| 营业外支出 | 10 000 | |

该企业年初尚有未弥补的亏损120 000元，其中，20 000元超过5年。本年获得国债利息收入50 000元，违约经营罚款支出20 000元，税收滞纳金10 000元。请计算：营业利润、利润总额、应纳税所得额、所得税、净利润。

# 模块 7
# 编制会计报表

## 模块综述

《小企业会计准则》自 2013 年 1 月 1 日起在小企业范围内施行。小企业的财务报表包括资产负债表、利润表、现金流量表和附注。

本模块学习小微企业的资产负债表、利润表、现金流量表等报表的编制原理及编制方法。

## 知识与技能目标

1. 认识小微企业的资产负债表,掌握资产负债表的编制方法。

2. 认识小微企业的利润表,掌握利润表的编制方法。

3. 认识小微企业的现金流量表,了解现金流量表的编制方法。

4. 了解小微企业报表附注的披露内容。

## 任务 1　资产负债表的编制

### 任务概述

- 了解国家对小微企业财务报表的种类和格式的相关规定。
- 掌握资产负债表的概念及编制方法。

### 【相关知识】

#### 7.1.1　认识小微企业的财务报表

**1）财务报表的概念**

财务报表,是指对小微企业财务状况、经营成果和现金流量的结构性表述。财务报表是会计主体进行会计核算的结果,是提高会计信息的一种重要手段。

**2）财务报表的种类和格式**

表 7.1　财务报表的种类和格式

| 编　号 | 报表名称 | 编报期 |
|---|---|---|
| 会小企 01 表 | 资产负债表 | 月报、年报 |
| 会小企 02 表 | 利润表 | 月报、年报 |
| 会小企 03 表 | 现金流量表 | 月报、年报 |

#### 7.1.2　资产负债表的概念及编制方法

**1）资产负债表的概念**

资产负债表,是指反映小微企业在某一特定日期(月末、季末、半年末、年末)的财务状况的报表。作为主要财务报表之一,资产负债表能够提供企业在某一特定日期资产、负债和所有者权益的全貌,资产负债表所列示的相关内容有助于分析、评价并预测企业的资本结构及偿债能力。此外,通过资产负债表和利润表有关项目的结合分析,有助于评价、预测企业的获利能力和发展前景。

## 2）资产负债表的格式

表7.2　资产负债表

编制单位：　　　　　　　　　　年　月　日　　　　　　　　单位：元

| 资　　产 | 行次 | 期末余额 | 年初余额 | 负债和所有者权益 | 行次 | 期末余额 | 年初余额 |
|---|---|---|---|---|---|---|---|
| 流动资产： | | | | 流动负债： | | | |
| 货币资金 | 1 | | | 短期借款 | 31 | | |
| 短期投资 | 2 | | | 应付票据 | 32 | | |
| 应收票据 | 3 | | | 应付账款 | 33 | | |
| 应收账款 | 4 | | | 预收账款 | 34 | | |
| 预付账款 | 5 | | | 应付职工薪酬 | 35 | | |
| 应收股利 | 6 | | | 应交税费 | 36 | | |
| 应收利息 | 7 | | | 应付利息 | 37 | | |
| 其他应收款 | 8 | | | 应付利润 | 38 | | |
| 存货 | 9 | | | 其他应付款 | 39 | | |
| 其中：原材料 | 10 | | | 其他流动负债 | 40 | | |
| 在产品 | 11 | | | 流动负债合计 | 41 | | |
| 库存商品 | 12 | | | 非流动负债： | | | |
| 周转材料 | 13 | | | 长期借款 | 42 | | |
| 其他流动资产 | 14 | | | 长期应付款 | 43 | | |
| 流动资产合计 | 15 | | | 递延收益 | 44 | | |
| 非流动资产： | | | | 其他非流动负债 | 45 | | |
| 长期债券投资 | 16 | | | 非流动负债合计 | 46 | | |
| 长期股权投资 | 17 | | | 负债合计 | 47 | | |
| 固定资产原价 | 18 | | | | | | |
| 减：累计折旧 | 19 | | | | | | |
| 固定资产账面价值 | 20 | | | | | | |
| 在建工程 | 21 | | | | | | |

| 资 产 | 行次 | 期末余额 | 年初余额 | 负债和所有者权益 | 行次 | 期末余额 | 年初余额 |
|---|---|---|---|---|---|---|---|
| 工程物资 | 22 | | | | | | |
| 固定资产清理 | 23 | | | | | | |
| 生产性生物资产 | 24 | | | 所有者权益（或股东权益）： | | | |
| 无形资产 | 25 | | | 实收资本（或股本） | 48 | | |
| 开发支出 | 26 | | | 资本公积 | 49 | | |
| 长期待摊费用 | 27 | | | 盈余公积 | 50 | | |
| 其他非流动资产 | 28 | | | 未分配利润 | 51 | | |
| 非流动资产合计 | 29 | | | 所有者权益（或股东权益）合计 | 52 | | |
| 资产总计 | 30 | | | 负债和所有者权益（或股东权益）总计 | 53 | | |

### 3）资产负债表的编制方法

资产负债表属于静态报表，反映小企业一定日期全部资产、负债和所有者权益的情况，是以"资产＝负债＋所有者权益"这一会计等式为基本原理，根据有关账户的年初余额、期末余额填列的。

（1）本表反映小微企业某一特定日期全部资产、负债和所有者权益的情况

（2）本表"年初余额"栏内各项数字，应根据上年末资产负债表"期末余额"栏内所列数字填列

（3）本表"期末余额"各项目的内容和填列方法

①"货币资金"项目，反映小企业库存现金、银行存款、其他货币资金的合计数。本项目应根据"库存现金""银行存款"和"其他货币资金"科目的期末余额合计填列。

②"短期投资"项目，反映小企业购入的能随时变现并且持有时间不准备超过1年的股票、债券和基金投资的余额。本项目应根据"短期投资"科目的期末余额填列。

③"应收票据"项目，反映小企业收到的未到期收款也未向银行贴现的应收票

据(银行承兑汇票和商业承兑汇票)。本项目应根据"应收票据"科目的期末余额填列。

④"应收账款"项目,反映小企业因销售商品、提供劳务等日常生产经营活动应收取的款项。本项目应根据"应收账款"的期末余额分析填列。如"应收账款"科目期末为贷方余额,应当在"预收账款"项目列示。

⑤"预付账款"项目,反映小企业按照合同规定预付的款项。包括:根据合同规定预付的购货款、租金、工程款等。本项目应根据"预付账款"科目的期末借方余额填列;如"预付账款"科目期末为贷方余额,应当在"应付账款"项目列示。

属于超过1年期以上的预付账款的借方余额应当在"其他非流动资产"项目列示。

⑥"应收股利"项目,反映小企业应收取的现金股利或利润。本项目应根据"应收股利"科目的期末余额填列。

⑦"应收利息"项目,反映小企业债券投资应收取的利息。小企业购入一次还本付息债券应收的利息,不包括在本项目内。本项目应根据"应收利息"科目的期末余额填列。

⑧"其他应收款"项目,反映小企业除应收票据、应收账款、预付账款、应收股利、应收利息等以外的其他各种应收及暂付款项。包括:各种应收的赔款、应向职工收取的各种垫付款项等。本项目应根据"其他应收款"科目的期末余额填列。

⑨"存货"项目,反映小企业期末在库、在途和在加工中的各项存货的成本。包括:各种原材料、在产品、半成品、产成品、商品、周转材料(包装物、低值易耗品等)、消耗性生物资产等。本项目应根据"材料采购""在途物资""原材料""材料成本差异""生产成本""库存商品""商品进销差价""委托加工物资""周转材料""消耗性生物资产"等科目的期末余额分析填列。

⑩"其他流动资产"项目,反映小企业除以上流动资产项目外的其他流动资产(含1年内到期的非流动资产)。本项目应根据有关科目的期末余额分析填列。

⑪"长期债券投资"项目,反映小企业准备长期持有的债券投资的本息。本项目应根据"长期债券投资"科目的期末余额分析填列。

⑫"长期股权投资"项目,反映小企业准备长期持有的权益性投资的成本。本项目应根据"长期股权投资"科目的期末余额填列。

⑬"固定资产原价"和"累计折旧"项目,反映小企业固定资产的原价(成本)及累计折旧。这两个项目应根据"固定资产"科目和"累计折旧"科目的期末余额填列。

⑭"固定资产账面价值"项目,反映小企业固定资产原价扣除累计折旧后的余额。本项目应根据"固定资产"科目的期末余额减去"累计折旧"科目的期末余额

后的金额填列。

⑮"在建工程"项目,反映小企业尚未完工或虽已完工,但尚未办理竣工决算的工程成本。本项目应根据"在建工程"科目的期末余额填列。

⑯"工程物资"项目,反映小企业为在建工程准备的各种物资的成本。本项目应根据"工程物资"科目的期末余额填列。

⑰"固定资产清理"项目,反映小企业因出售、报废、毁损、对外投资等原因处置固定资产所转出的固定资产账面价值以及在清理过程中发生的费用等。本项目应根据"固定资产清理"科目的期末借方余额填列;如"固定资产清理"科目期末为贷方余额,以"-"号填列。

⑱"生产性生物资产"项目,反映小企业生产性生物资产的账面价值。本项目应根据"生产性生物资产"科目的期末余额减去"生产性生物资产累计折旧"科目的期末余额后的金额填列。

⑲"无形资产"项目,反映小企业无形资产的账面价值。本项目应根据"无形资产"科目的期末余额减去"累计摊销"科目的期末余额后的金额填列。

⑳"开发支出"项目,反映小企业正在进行的无形资产研究开发项目满足资本化条件的支出。本项目应根据"研发支出"科目的期末余额填列。

㉑"长期待摊费用"项目,反映小企业尚未摊销完毕的已提足折旧的固定资产的改建支出、经营租入固定资产的改建支出、固定资产的大修理支出和其他长期待摊费用。本项目应根据"长期待摊费用"科目的期末余额分析填列。

㉒"其他非流动资产"项目,反映小企业除以上非流动资产以外的其他非流动资产。本项目应根据有关科目的期末余额分析填列。

㉓"短期借款"项目,反映小企业向银行或其他金融机构等借入的期限在1年内的、尚未偿还的各种借款本金。本项目应根据"短期借款"科目的期末余额填列。

㉔"应付票据"项目,反映小企业因购买材料、商品和接受劳务等日常生产经营活动开出、承兑的商业汇票(银行承兑汇票和商业承兑汇票)尚未到期的票面金额。本项目应根据"应付票据"科目的期末余额填列。

㉕"应付账款"项目,反映小企业因购买材料、商品和接受劳务等日常生产经营活动尚未支付的款项。本项目应根据"应付账款"科目的期末余额填列。如"应付账款"科目期末为借方余额,应当在"预付账款"项目列示。

㉖"预收账款"项目,反映小企业根据合同规定预收的款项。包括:预收的购货款、工程款等。本项目应根据"预收账款"科目的期末贷方余额填列;如"预收账款"科目期末为借方余额,应当在"应收账款"项目列示。

属于超过1年期以上的预收账款的贷方余额应当在"其他非流动负债"项目列示。

㉗"应付职工薪酬"项目,反映小企业应付未付的职工薪酬。本项目应根据"应付职工薪酬"科目期末余额填列。

㉘"应交税费"项目,反映小企业期末未交、多交或尚未抵扣的各种税费。本项目应根据"应交税费"科目的期末贷方余额填列;如"应交税费"科目期末为借方余额,以" - "号填列。

㉙"应付利息"项目,反映小企业尚未支付的利息费用。本项目应根据"应付利息"科目的期末余额填列。

㉚"应付利润"项目,反映小企业尚未向投资者支付的利润。本项目应根据"应付利润"科目的期末余额填列。

㉛"其他应付款"项目,反映小企业除应付账款、预收账款、应付职工薪酬、应交税费、应付利息、应付利润等以外的其他各项应付、暂收的款项。包括:应付租入固定资产和包装物的租金、存入保证金等。本项目应根据"其他应付款"科目的期末余额填列。

㉜"其他流动负债"项目,反映小企业除以上流动负债以外的其他流动负债(含1年内到期的非流动负债)。本项目应根据有关科目的期末余额填列。

㉝"长期借款"项目,反映小企业向银行或其他金融机构借入的期限在1年以上的、尚未偿还的各项借款本金。本项目应根据"长期借款"科目的期末余额分析填列。

㉞"长期应付款"项目,反映小企业除长期借款以外的其他各种应付未付的长期应付款项。包括:应付融资租入固定资产的租赁费、以分期付款方式购入固定资产发生的应付款项等。本项目应根据"长期应付款"科目的期末余额分析填列。

㉟"递延收益"项目,反映小企业收到的、应在以后期间计入损益的政府补助。本项目应根据"递延收益"科目的期末余额分析填列。

㊱"其他非流动负债"项目,反映小企业除以上非流动负债项目以外的其他非流动负债。本项目应根据有关科目的期末余额分析填列。

㊲"实收资本(或股本)"项目,反映小企业收到投资者按照合同协议约定或相关规定投入的、构成小企业注册资本的部分。本项目应根据"实收资本(或股本)"科目的期末余额分析填列。

㊳"资本公积"项目,反映小企业收到投资者投入资本超出其在注册资本中所占份额的部分。本项目应根据"资本公积"科目的期末余额填列。

㊴"盈余公积"项目,反映小企业(公司制)的法定公积金和任意公积金,小企业(外商投资)的储备基金和企业发展基金。本项目应根据"盈余公积"科目的期末余额填列。

㊵"未分配利润"项目,反映小企业尚未分配的历年结存的利润。本项目应根

据"利润分配"科目的期末余额填列。未弥补的亏损,在本项目内以"－"号填列。

4)本表中各项目之间的钩稽关系

行15＝行1＋行2＋行3＋行4＋行5＋行6＋行7＋行8＋行9＋行14;

行9≥行10＋行11＋行12＋行13;

行29＝行16＋行17＋行20＋行21＋行22＋行23＋行24＋行25＋行26＋行27＋行28;

行20＝行18－行19;

行30＝行15＋行29;

行41＝行31＋行32＋行33＋行34＋行35＋行36＋行37＋行38＋行39＋行40;

行46＝行42＋行43＋行44＋行45;

行47＝行41＋行46;

行52＝行48＋行49＋行50＋行51;

行53＝行47＋行52＝行30。

## 【想一想】

资产负债表中的应收账款、预收账款、应付账款、预付账款项目应如何填列?

## 任务 2　利润表的编制

## 任务概述

- 掌握利润表的概念、内容。
- 掌握利润表的编制方法。

## 【相关知识】

### 7.2.1　认识小微企业的利润表

1)利润表的概念

利润表,是指反映小企业在一定会计期间(一般指一个会计月度、季度或一个会计年度)的经营成果的报表。通过利润表反映的收入、成本和费用,能够反映企业经营的业绩和管理者的经营能力;通过利润表与资产负债表的综合分析,可以评价企业的获利能力,预测企业的经营前途及利润增减趋势。

### 2)利润表的内容

利润表一般由表头和表身两部分组成。

**(1)表头**

利润表的表头主要包括报表的名称、编制单位、编制时间、计量单位及报表编号等内容。编制时间必须写明某一期间,如"某年某月"或"某年"。

**(2)表身**

利润表的表身是利润表的主体部分,其项目内容主要包括营业收入、营业利润、利润总额、净利润。

### 7.2.2  小微企业的利润表的格式及编制方法

#### 1)利润表的格式

利润表是通过一定的表格来反映企业的经营成果。目前比较普遍的利润表结构有多步式利润表和单步式利润表两种,我国一般采用多步式利润表格式,如图7.3 所示。

表 7.3  利润表

会小企 02 表

编制单位:　　　　　　　　　年　　　月　　　　　　　　　　单位:元

| 项　　目 | 行　次 | 本年累计金额 | 本月金额 |
|---|---|---|---|
| 一、营业收入 | 1 | | |
| 减:营业成本 | 2 | | |
| 营业税金及附加 | 3 | | |
| 其中:消费税 | 4 | | |
| 营业税 | 5 | | |
| 城市维护建设税 | 6 | | |
| 资源税 | 7 | | |

| 项　目 | 行　次 | 本年累计金额 | 本月金额 |
|---|---|---|---|
| 土地增值税 | 8 | | |
| 城镇土地使用税、房产税、车船税、印花税 | 9 | | |
| 教育费附加、矿产资源补偿费、排污费 | 10 | | |
| 销售费用 | 11 | | |
| 其中:商品维修费 | 12 | | |
| 广告费和业务宣传费 | 13 | | |
| 管理费用 | 14 | | |
| 其中:开办费 | 15 | | |
| 业务招待费 | 16 | | |
| 研究费用 | 17 | | |
| 财务费用 | 18 | | |
| 其中:利息费用(收入以"－"号填列) | 19 | | |
| 加:投资收益(损失以"－"号填列) | 20 | | |
| 二、营业利润(亏损以"－"号填列) | 21 | | |
| 加:营业外收入 | 22 | | |
| 其中:政府补助 | 23 | | |
| 减:营业外支出 | 24 | | |
| 其中:坏账损失 | 25 | | |
| 无法收回的长期债券投资损失 | 26 | | |
| 无法收回的长期股权投资损失 | 27 | | |
| 自然灾害等不可抗力因素造成的损失 | 28 | | |
| 税收滞纳金 | 29 | | |
| 三、利润总额(亏损总额以"－"号填列) | 30 | | |
| 减:所得税费用 | 31 | | |
| 四、净利润(净亏损以"－"号填列) | 32 | | |

2）利润表的编制方法

利润表是以"收入－费用＝利润"会计等式为依据,按照各损益类账户的发生额分析填列。

（1）本表反映小企业在一定会计期间内利润（亏损）的实现情况

（2）本表"本年累计金额"栏反映各项目自年初起至报告期末止的累计实际发生额

本表"本月金额"栏反映各项目的本月实际发生额;在编报年度财务报表时,应将"本月金额"栏改为"上年金额"栏,填列上年全年实际发生额。

（3）本表各项目的内容及其填列方法

①"营业收入"项目,反映小企业销售商品和提供劳务所实现的收入总额。本项目应根据"主营业务收入"科目和"其他业务收入"科目的发生额合计填列。

②"营业成本"项目,反映小企业所销售商品的成本和所提供劳务的成本。本项目应根据"主营业务成本"科目和"其他业务成本"科目的发生额合计填列。

③"营业税金及附加"项目,反映小企业开展日常生产活动应负担的消费税、营业税、城市维护建设税、资源税、土地增值税、城镇土地使用税、房产税、车船税、印花税和教育费附加、矿产资源补偿费、排污费等。本项目应根据"营业税金及附加"科目的发生额填列。

④"销售费用"项目,反映小企业销售商品或提供劳务过程中发生的费用。本项目应根据"销售费用"科目的发生额填列。

⑤"管理费用"项目,反映小企业为组织和管理生产经营发生的其他费用。本项目应根据"管理费用"科目的发生额填列。

⑥"财务费用"项目,反映小企业为筹集生产经营所需资金发生的筹资费用。本项目应根据"财务费用"科目的发生额填列。

⑦"投资收益"项目,反映小企业股权投资取得的现金股利（或利润）、债券投资取得的利息收入和处置股权投资及债券投资取得的处置价款扣除成本或账面余额、相关税费后的净额。本项目应根据"投资收益"科目的发生额填列。如为投资损失,以"－"号填列。

⑧"营业利润"项目,反映小企业当期开展日常生产经营活动实现的利润。本项目应根据营业收入扣除营业成本、营业税金及附加、销售费用、管理费用和财务费用,加上投资收益后的金额填列。如为亏损,以"－"号填列。

⑨"营业外收入"项目,反映小企业实现的各项营业外收入金额。包括:非流动资产处置净收益、政府补助、捐赠收益、盘盈收益、汇兑收益、出租包装物和商品的租金收入、逾期未退包装物押金收益、确实无法偿付的应付款项、已作坏账损失

处理后又收回的应收款项、违约金收益等。本项目应根据"营业外收入"科目的发生额填列。

⑩"营业外支出"项目,反映小企业发生的各项营业外支出金额。包括:存货的盘亏、毁损、报废损失,非流动资产处置净损失,坏账损失,无法收回的长期债券投资损失,无法收回的长期股权投资损失,自然灾害等不可抗力因素造成的损失,税收滞纳金,罚金,罚款,被没收财物的损失,捐赠支出,赞助支出等。本项目应根据"营业外支出"科目的发生额填列。

⑪"利润总额"项目,反映小企业当期实现的利润总额。本项目应根据营业利润加上营业外收入减去营业外支出后的金额填列。如为亏损总额,以"-"号填列。

⑫"所得税费用"项目,反映小企业根据企业所得税法确定的应从当期利润总额中扣除的所得税费用。本项目应根据"所得税费用"科目的发生额填列。

⑬"净利润"项目,反映小企业当期实现的净利润。本项目应根据利润总额扣除所得税费用后的金额填列。如为净亏损,以"-"号填列。

3)本表中各项目之间的钩稽关系

行21 = 行1 - 行2 - 行3 - 行11 - 行14 - 行18 + 行20;

行3 ≥ 行4 + 行5 + 行6 + 行7 + 行8 + 行9 + 行10;

行11 ≥ 行12 + 行13;

行14 ≥ 行15 + 行16 + 行17;

行18 ≥ 行19;

行30 = 行21 + 行22 - 行24;

行22 ≥ 行23;

行24 ≥ 行25 + 行26 + 行27 + 行28 + 行29;

行32 = 行30 - 行31。

## 【想一想】

资产负债表与利润表编制的理论依据各是什么?

## 【做一做】

根据下列经济业务编制会计分录,然后填制利润表。东胜加工公司为一般纳税人,适用的增值税税率为17%,企业所得税率25%。20×9年×月,该企业共发生如下经济业务:

①3日,以存款支付银行承兑汇票手续费200元。

②7 日,收到外单位支付的违约金 3 000 元,已办理进账手续。

③12 日,向大江公司出售甲产品 600 件,单价 500 元,增值税率 17%,已办理了委托收款手续。

④结转上述甲产品成本,单位成本 320 元。

⑤13 日,收到联营单位分来的利润 50 000 元,已存入银行。

⑥15 日,开出现金支票,对外捐赠 5 000 元。

⑦30 日,计算本月工资,其中生产工人工资 70 000 元,车间管理人员工资 40 000元,厂部管理人员 34 000 元,财务部门人员 6 000 元。

⑧30 日,盘亏设备一台,原值 10 000 元,已提折旧 6 000 元。

⑨30 日,经领导同意,将盘亏的设备转销。

⑩30 日,签发现金支票支付广告费 6 000 元。

⑪30 日,将损益类各科目中各项收入、利得类科目结转到本年利润。

⑫30 日,将损益类各科目中各项费用、损失类科目结转到本年利润。

⑬30 日,计算并结转本月应交所得税。

# 任务3  现金流量表的编制

## 任务概述

- 掌握现金流量表的概念。
- 了解现金表的编制方法。

## 【相关知识】

### 7.3.1  小微企业的现金流量表格式及编制说明

#### 1)现金流量表的概念

现金流量表,是指反映小企业在一定会计期间现金流入和流出情况的报表。

现金流量表可以提供企业的现金流量信息,从而对企业整体财务状况做出客观评价;通过现金流量表可以对企业的支付能力和偿债能力,以及企业对外部资金的需求情况做出较为可靠的判断;通过了解现金流量表不但可以了解企业当前的财务状况,还可以预测企业未来的发展情况,便于报表使用者评估报告期内与现金有关和无关的投资及筹资活动。

## 2）现金流量表的格式

表7.4　现金流量表

会小企03表

编制单位：　　　　　　　　年　　月　　　　　　　单位:元

| 项　目 | 行　次 | 本年累计金额 | 本月金额 |
|---|---|---|---|
| 一、经营活动产生的现金流量： | | | |
| 销售产成品、商品、提供劳务收到的现金 | 1 | | |
| 收到其他与经营活动有关的现金 | 2 | | |
| 购买原材料、商品、接受劳务支付的现金 | 3 | | |
| 支付的职工薪酬 | 4 | | |
| 支付的税费 | 5 | | |
| 支付其他与经营活动有关的现金 | 6 | | |
| 经营活动产生的现金流量净额 | 7 | | |
| 二、投资活动产生的现金流量： | | | |
| 收回短期投资、长期债券投资和长期股权投资收到的现金 | 8 | | |
| 取得投资收益收到的现金 | 9 | | |
| 处置固定资产、无形资产和其他非流动资产收回的现金净额 | 10 | | |
| 短期投资、长期债券投资和长期股权投资支付的现金 | 11 | | |
| 购建固定资产、无形资产和其他非流动资产支付的现金 | 12 | | |
| 投资活动产生的现金流量净额 | 13 | | |
| 三、筹资活动产生的现金流量： | | | |
| 取得借款收到的现金 | 14 | | |
| 吸收投资者投资收到的现金 | 15 | | |
| 偿还借款本金支付的现金 | 16 | | |
| 偿还借款利息支付的现金 | 17 | | |
| 分配利润支付的现金 | 18 | | |

续表

| 项　目 | 行次 | 本年累计金额 | 本月金额 |
|---|---|---|---|
| 筹资活动产生的现金流量净额 | 19 | | |
| 四、现金净增加额 | 20 | | |
| 加:期初现金余额 | 21 | | |
| 五、期末现金余额 | 22 | | |

### 3)现金流量表的编制方法

(1)本表反映小企业一定会计期间内有关现金流入和流出的信息

(2)本表"本年累计金额"栏反映各项目自年初起至报告期末止的累计实际发生额

本表"本月金额"栏反映各项目的本月实际发生额;在编报年度财务报表时,应将"本月金额"栏改为"上年金额"栏,填列上年全年实际发生额。

(3)本表各项目的内容及填列方法

①经营活动产生的现金流量。

a."销售产成品、商品、提供劳务收到的现金"项目,反映小企业本期销售产成品、商品、提供劳务收到的现金。本项目可以根据"库存现金""银行存款"和"主营业务收入"等科目的本期发生额分析填列。

b."收到其他与经营活动有关的现金"项目,反映小企业本期收到的其他与经营活动有关的现金。本项目可以根据"库存现金"和"银行存款"等科目的本期发生额分析填列。

c."购买原材料、商品、接受劳务支付的现金"项目,反映小企业本期购买原材料、商品、接受劳务支付的现金。本项目可以根据"库存现金""银行存款""其他货币资金""原材料""库存商品"等科目的本期发生额分析填列。

d."支付的职工薪酬"项目,反映小企业本期向职工支付的薪酬。本项目可以根据"库存现金""银行存款""应付职工薪酬"科目的本期发生额填列。

e."支付的税费"项目,反映小企业本期支付的税费。本项目可以根据"库存现金""银行存款""应交税费"等科目的本期发生额填列。

f."支付其他与经营活动有关的现金"项目,反映小企业本期支付的其他与经营活动有关的现金。本项目可以根据"库存现金""银行存款"等科目的本期发生额分析填列。

②投资活动产生的现金流量。

a."收回短期投资、长期债券投资和长期股权投资收到的现金"项目,反映小企业出售、转让或到期收回短期投资、长期股权投资而收到的现金,以及收回长期债券投资本金而收到的现金,不包括长期债券投资收回的利息。本项目可以根据"库存现金""银行存款""短期投资""长期股权投资""长期债券投资"等科目的本期发生额分析填列。

b."取得投资收益收到的现金"项目,反映小企业因权益性投资和债权性投资取得的现金股利或利润和利息收入。本项目可以根据"库存现金""银行存款""投资收益"等科目的本期发生额分析填列。

c."处置固定资产、无形资产和其他非流动资产收回的现金净额"项目,反映小企业处置固定资产、无形资产和其他非流动资产取得的现金,减去为处置这些资产而支付的有关税费等后的净额。本项目可以根据"库存现金""银行存款""固定资产清理""无形资产""生产性生物资产"等科目的本期发生额分析填列。

d."短期投资、长期债券投资和长期股权投资支付的现金"项目,反映小企业进行权益性投资和债权性投资支付的现金。包括:企业取得短期股票投资、短期债券投资、短期基金投资、长期债券投资、长期股权投资支付的现金。本项目可以根据"库存现金""银行存款""短期投资""长期债券投资""长期股权投资"等科目的本期发生额分析填列。

e."购建固定资产、无形资产和其他非流动资产支付的现金"项目,反映小企业购建固定资产、无形资产和其他非流动资产支付的现金。包括:购买机器设备、无形资产、生产性生物资产支付的现金、建造工程支付的现金等现金支出,不包括为购建固定资产、无形资产和其他非流动资产而发生的借款费用资本化部分和支付给在建工程和无形资产开发项目人员的薪酬。为购建固定资产、无形资产和其他非流动资产而发生借款费用资本化部分,在"偿还借款利息支付的现金"项目反映;支付给在建工程和无形资产开发项目人员的薪酬,在"支付的职工薪酬"项目反映。本项目可以根据"库存现金""银行存款""固定资产""在建工程""无形资产""研发支出""生产性生物资产""应付职工薪酬"等科目的本期发生额分析填列。

③筹资活动产生的现金流量。

a."取得借款收到的现金"项目,反映小企业举借各种短期、长期借款收到的现金。本项目可以根据"库存现金""银行存款""短期借款""长期借款"等科目的本期发生额分析填列。

b."吸收投资者投资收到的现金"项目,反映小企业收到的投资者作为资本投入的现金。本项目可以根据"库存现金""银行存款""实收资本""资本公积"等科目的本期发生额分析填列。

c."偿还借款本金支付的现金"项目,反映小企业以现金偿还各种短期、长期借款的本金。本项目可以根据"库存现金""银行存款""短期借款""长期借款"等科目的本期发生额分析填列。

d. "偿还借款利息支付的现金"项目,反映小企业以现金偿还各种短期、长期借款的利息。本项目可以根据"库存现金""银行存款""应付利息"等科目的本期发生额分析填列。

e. "分配利润支付的现金"项目,反映小企业向投资者实际支付的利润。本项目可以根据"库存现金""银行存款""应付利润"等科目的本期发生额分析填列。

### 4)本表中各项目之间的钩稽关系

行 7 = 行 1 + 行 2 − 行 3 − 行 4 − 行 5 − 行 6;

行 13 = 行 8 + 行 9 + 行 10 − 行 11 − 行 12;

行 19 = 行 14 + 行 15 − 行 16 − 行 17 − 行 18;

行 20 = 行 7 + 行 13 + 行 19;

行 22 = 行 20 + 行 21。

### 7.3.2　小微企业的会计报表附注

#### 1)会计报表附注的概念

附注是财务报表的重要组成部分。

#### 2)会计报表附注的内容

小微企业应当按照小企业会计准则规定披露附注信息,主要包括下列内容:

(1)遵循小企业会计准则的声明

小微企业应当声明编制的财务报表符合小企业会计准则的要求,真实、完整地反映了小企业的财务状况、经营成果和现金流量等有关信息。

(2)短期投资、应收账款、存货、固定资产项目的说明

①短期投资的披露格式如表 7.5 所示。

表 7.5　短期投资的披露格式

| 项　　目 | 期末账面余额 | 期末市价 | 期末账面余额与市价的差额 |
|---|---|---|---|
| 1.股票 | | | |
| 2.债券 | | | |
| 3.基金 | | | |
| 4.其他 | | | |
| 合　　计 | | | |

②应收账款按账龄结构披露的格式如表7.6所示。

**表7.6 应收账款按账龄结构披露的格式**

| 账龄结构 | 期末账面余额 | 年初账面余额 |
|---|---|---|
| 1年以内(含1年) | | |
| 1年至2年(含2年) | | |
| 2年至3年(含3年) | | |
| 3年以上 | | |
| 合　计 | | |

③存货的披露格式如表7.7所示。

**表7.7 存货的披露格式**

| 存货种类 | 期末账面余额 | 期末市价 | 期末账面余额与市价的差额 |
|---|---|---|---|
| 1.原材料 | | | |
| 2.在产品 | | | |
| 3.库存商品 | | | |
| 4.周转材料 | | | |
| 5.消耗性生物资产 | | | |
| … | | | |
| 合　计 | | | |

④固定资产的披露格式如表7.8所示。

**表7.8 固定资产的披露格式**

| 项　目 | 原　价 | 累计折旧 | 期末账面价值 |
|---|---|---|---|
| 1.房屋、建筑物 | | | |
| 2.机器 | | | |
| 3.机械 | | | |
| 4.运输工具 | | | |
| 5.设备 | | | |

续表

| 项　目 | 原　价 | 累计折旧 | 期末账面价值 |
|---|---|---|---|
| 6.器具 | | | |
| 7.工具 | | | |
| … | | | |
| 合　计 | | | |

（3）应付职工薪酬、应交税费项目的说明

①应付职工薪酬的披露格式如表7.9所示。

表7.9　应付职工薪酬明细表

会小企01表附表1

编制单位：　　　　　　　　　　　　　年　月　　　　　　　　　　　单位:元

| 项　目 | 期末账面余额 | 年初账面余额 |
|---|---|---|
| 1.职工工资 | | |
| 2.奖金、津贴和补贴 | | |
| 3.职工福利费 | | |
| 4.社会保险费 | | |
| 5.住房公积金 | | |
| 6.工会经费 | | |
| 7.职工教育经费 | | |
| 8.非货币性福利 | | |
| 9.辞退福利 | | |
| 10.其他 | | |
| 合　计 | | |

②应交税费的披露格式如表7.10所示。

### 表 7.10　应交税费明细表

会小企 01 表附表 2

编制单位：　　　　　　　　　　年　月　　　　　　　　　　单位:元

| 项　　目 | 期末账面余额 | 年初账面余额 |
|---|---|---|
| 1. 增值税 | | |
| 2. 消费税 | | |
| 3. 营业税 | | |
| 4. 城市维护建设税 | | |
| 5. 企业所得税 | | |
| 6. 资源税 | | |
| 7. 土地增值税 | | |
| 8. 城镇土地使用税 | | |
| 9. 房产税 | | |
| 10. 车船税 | | |
| 11. 教育费附加 | | |
| 12. 矿产资源补偿费 | | |
| 13. 排污费 | | |
| 14. 代扣代缴的个人所得税 | | |
| … | | |
| 合　　计 | | |

## （4）利润分配的说明

### 表 7.11　利润分配表

会小企 01 表附表 3

编制单位：　　　　　　　　　　年度　　　　　　　　　　单位:元

| 项　　目 | 行次 | 本年金额 | 上年金额 |
|---|---|---|---|
| 一、净利润 | 1 | | |
| 加:年初未分配利润 | 2 | | |
| 其他转入 | 3 | | |
| 二、可供分配的利润 | 4 | | |

续表

| 项　目 | 行次 | 本年金额 | 上年金额 |
|---|---|---|---|
| 减:提取法定盈余公积 | 5 | | |
| 提取任意盈余公积 | 6 | | |
| 提取职工奖励及福利基金* | 7 | | |
| 提取储备基金* | 8 | | |
| 提取企业发展基金* | 9 | | |
| 利润归还投资** | 10 | | |
| 三、可供投资者分配的利润 | 11 | | |
| 减:应付利润 | 12 | | |
| 四、未分配利润 | 13 | | |

　　*提取职工奖励及福利基金、提取储备基金、提取企业发展基金这3个项目仅适用于小企业(外商投资)按照相关法律规定提取的3项基金。

　　**利润归还投资这个项目仅适用于小企业(中外合作经营)根据合同规定在合作期间归还投资者的投资。

　　(5)用于对外担保的资产名称、账面余额及形成的原因;未决诉讼、未决仲裁以及对外提供担保所涉及的金额

　　(6)发生严重亏损的,应当披露持续经营的计划、未来经营的方案

　　(7)对已在资产负债表和利润表中列示项目与企业所得税法规定存在差异的纳税调整过程参见《中华人民共和国企业所得税年度纳税申报表》

　　(8)其他需要说明的事项

## 【做一做】

一、单项选择题

1. 资产负债表是反映企业在(　　)。

　　A.一特定时期　　　　　　　B.某一特定会计期间

　　C.一定时间　　　　　　　　D.某一特定日期

2. 根据"资产＝负债＋所有者权益"这一平衡公式填列的报表是(　　)。

　　A.主要业务收支表　　　　　B.利润表

　　C.资产负债表　　　　　　　D.现金流量表

3. 根据"收入－费用＝利润"这一平衡公式填列的会计报表是(　　)。

A. 利润分配表　　　　　　　　B. 资产负债表

C. 现金流量表　　　　　　　　D. 利润表

4. 利润表中的"净利润"是企业的利润总额扣除(　　　)后的净额。

A. 所得税费用　　　　　　　　B. 盈余公积

C. 应付股利　　　　　　　　　D. 营业利润

5. 利润表是反映企业在(　　　)经营成果的报表。

A. 一定会计期间　　　　　　　B. 某一特定日期

C. 某一特定日期　　　　　　　D. 某一会计期间

## 二、多项选择题

1. 财务报表按其编报时间的不同,可分为(　　　　　　)。

A. 利润表　　　B. 年度报表　　　C. 资产负债表　　　D. 月度报表

2. 资产负债的基本要素有(　　　　)。

A. 资产　　　　　B. 负债　　　　　C. 所有者权益

D. 收入　　　　　E. 费用

3. 资产负债表中,根据若干总账账户期末余额计算填列的项目有(　　　　)。

A. 货币资金　　B. 存货　　　C. 资本公积　　　D. 未分配利润

4. 资产负债表中,根据有关账户余额直接填列的项目有(　　　　)。

A. 长期借款　　B. 应付职工薪酬　C. 货币资金

D. 存货　　　　E. 实收资本

5. 利润表的基本要素有(　　　　)。

A. 资产　　　　B. 负债　　　　C. 收入　　　D. 费用　　　E. 利润

6. 在资产负债表中,"货币资金"项目反映(　　　)期末余额合计数。

A. 应收票据　　B. 库存现金　　C. 银行存款

D. 其他货币资金　　　　　　　　E. 应收账款

7. 在资产负债表中,"未分配利润"项目应根据(　　　)账户的余额计算填列。

A. 营业利润　　B. 本年利润　　C. 盈余公积　　　D. 利润分配

## 三、判断题

1. 资产负债表在其基本结构上是以"资产 = 负债 + 所有者权益"的会计平衡式为依据的。　　　　　　　　　　　　　　　　　　　　　(　　　)

2. 利润表是反映企业在某一特定日期财务状况的报表。　　　　(　　　)

3. 企业的利润总额即是反映企业一定时期所实现的营业利润。　(　　　)

4. 企业的资产负债表是一张需要按年编制的报表。　　　　　　(　　　)

5. 资产负债表是反映企业某一特定日期财务状况的报表。 （ ）

6. 利润表是以"收入 - 费用 = 利润"为基础编制的。 （ ）

7. 资产负债表属于静态报表,利润表属于动态报表。 （ ）

8. 编制财务会计报告必须做到数字真实,计算准确,内容完整,报告及时。

（ ）

9. 为了及时编制财务会计报告,企业单位可以提前结账。 （ ）

10. 利润表的各项目都是根据相应的损益类账户的本期发生额分析填列的。

（ ）

## 四、实训题

目的:练习资产负债表的编制。

资料:东胜加工公司 2012 年 7 月 31 日有关账户余额资料如表 7.12 所示。

**表 7.12 东胜加工公司总分类账户余额表**

2012 年 7 月 31 日

| 账户名称 | 借方余额 | 账户名称 | 贷方余额 |
|---|---|---|---|
| 库存现金 | 5 740 | 累计折旧 | 38 000 |
| 银行存款 | 124 800 | 短期借款 | 65 000 |
| 应收账款 | 150 000 | 应付账款 | 89 000 |
| 原材料 | 89 000 | 应付职工薪酬 | 560 |
| 库存商品 | 97 000 | 应交税费 | 3 400 |
| 生产成本 | 56 000 | 应付股利 | 10 000 |
| 固定资产 | 425 700 | 利润分配 | 8 600 |
| 无形资产 | 66 320 | 实收资本 | 800 000 |
| 合 计 | 1 014 560 | 合 计 | 1 014 560 |

计算:

货币资金 =

固定资产 =

存货 =

未分配利润 =

# 模块 8
## 小微企业综合模拟实训

### 模块综述

通过此模拟实训,让学生全面熟悉小企业一个月完整的经济业务会计处理,采用记账凭证核算程序,从认识原始凭证,到填制记账凭证,登记银行存款和库存现金日记账、各种明细账、总账,最后形成会计报表资料,从而让学生掌握作为一个会计人员必备的知识与业务技能。

### 知识与技能目标

1. 根据原始凭证登记通用记账凭证。
2. 根据记账凭证登记"银行存款日记账"和"现金日记账","原材料"总账和"原材料"明细账,"库存商品"总账和"库存商品"明细账。(其中"原材料"明细账和"库存商品"明细账采用数量金额式。)
3. 编制试算平衡表。
4. 编制资产负债表和利润表。

　　济南明湖钢管厂,该企业为一般纳税人,税务局核定增值税税率17%,运费抵扣率7%,营业税税率5%,城建税税率7%,教育费附加3%,购进材料运杂费根据数量分配,发出存货成本采用先进先出法。开户银行:中国工商银行历下支行燕山分理处　账号:1602007009034120616　纳税人登记号:110105200711008　地址:济南市燕山路80号　电话:0531-81799898

　　该企业2010年12月30日的总账科目余额资料如表8.1所示。

表8.1　该企业2012年12月30日的总账科目余额资料

| 账户名称 | 借方余额 | 账户名称 | 贷方余额 |
|---|---|---|---|
| 库存现金 | 8 000.00 | 短期借款 | 200 000 |
| 银行存款 | 233 800.00 | 应付账款 | |
| 其他货币资金 | | 应付职工薪酬——工资 | 46 000 |
| 交易性金融资产 | | | |
| 其他应收款 | | | |
| 应收账款 | 176 361.00 | 长期借款 | |
| 应收票据 | | 应付利息 | |
| 原材料 | 83 000 | 应交税费——未交增值税 | 23 678.14 |
| 低值易耗品 | 9 000 | 应付票据 | |
| 库存商品 | 425 000 | 实收资本 | 3 159 979 |
| 固定资产 | 3 776 800 | 资本公积 | 65 262 |
| 累计折旧 | (贷余)877 020 | 盈余公积 | 150 000 |
| 待处理财产损溢 | | 本年利润 | |
| 固定资产 | | 利润分配 | 190 021.86 |
| 合　计 | 3 834 941 | 合　计 | 3 834 941 |

原材料为甲、乙两种材料,明细如下:

原材料——甲　33 000元　1 100千克

　　　　——乙　50 000元　2 000千克

库存商品为A,B两种商品,明细如下:

库存商品——A　400 000元　10 000件

　　　　——B　25 000元　1 000件

应收账款——山东外贸股份有限公司　176 361元

表8.2　托收承付凭证(收账通知)　4　　第　号

托收号码：

委托日期:2010 年 12 月 28 日

| | | | 承付期限 |
|---|---|---|---|
| | | | 到期　年　月　日 |

| 付款人 | 全称 | 山东外贸股份有限公司 | 收款人 | 全称 | 济南明湖钢管厂 | |
|---|---|---|---|---|---|---|
| | 账号 | 1602009006034520525 | | 账号 | 16020070090034120616 | |
| | 开户银行 | 工行历城分理处 | | 开户银行 | 工行历下支行燕山分理处 | 行号 |

| 委托金额 | 人民币(大写)壹拾柒万陆仟叁佰陆拾壹元整 | 千 | 百 | 十 | 万 | 千 | 百 | 十 | 元 | 角 | 分 |
|---|---|---|---|---|---|---|---|---|---|---|---|
| | | | ¥ | 1 | 7 | 6 | 3 | 6 | 1 | 0 | 0 |

| 附　件 | 商品发运情况 | 合同名称号码 |
|---|---|---|
| 附寄单证张 数 或册数 | 中国工商银行济南历下支行燕山分理处 2011、01、02 收讫 | |
| 备注： | 本托收款项已由付款人开户行全额划回并收入你账户内。收款人开户行盖章2011 年 1 月 2 日 | 科　目对方科目转账　　　年 月 日单位主管　　会计复核　　　记账 |

付款人开户银行收到日期　年　月　日　支付日期　年　月　日

## 表8.3 借　据

2011 年 1 月 4 日

| |
|---|
| 借款单位:办公室 |
| 人民币贰仟元整　　　　　￥2 000.00 |
| 用途:预借差旅费 |
| |

借款人:陈衡　　　　会计主管:乙　　　　出纳:丙　　　　批准人:李平

## 表8.4 中华人民共和国税收交款书

填发日期:2011 年 1 月 4 日　　　　NO.114516

征收机关:市国税局

| 交款单位 | 代　码 | ×××××× | 预算级次 | |
|---|---|---|---|---|
| | 全　称 | 济南明湖钢管厂 | | |
| | 开户银行 | 工行历下支行燕山分理处 | 收缴国库 | |
| | 账　号 | 1602007009034120616 | | |

| 税款所属时期 2010 年 12 月 日 | | | 税款限交日期 2011 年 1 月 15 日 | | |
|---|---|---|---|---|---|
| 名称 | 课税数量 | 计税金额 | 税率 | 已交或扣除额 | 实交金额 |
| 增值税 | | | | | 23 678.14 |

| 金额合计(大写)贰万叁仟陆佰柒拾捌元壹角肆分 | ￥23 678.14 |
|---|---|

| 缴款单位（盖章） | 税务机关（盖章） | 上列款项已收妥并划转收款单位账户（盖章） | 备注:税款已通过银行划转 |
|---|---|---|---|

4——1/1

表8.5　中华人民共和国
印花税票销售凭证

填发日期:2011 年 1 月 5 日
No. 1111236

| 购买单位 | 济南明湖钢管厂 | | | 购买人 | 丙 | | |
|---|---|---|---|---|---|---|---|
| 面值种类 | 数　量 | 金　额 | | 面值种类 | 数量 | 金　额 | |
| 壹角票 | | | | 伍元票 | 4 | 20.00 | |
| 贰角票 | | | | 拾元票 | | | |
| 伍角票 | | | | 伍拾元票 | | | |
| 壹元票 | | | | 壹佰元票 | | | |
| 贰元票 | | | | 总计 | | 20.00 | |

金额总计(大写):　佰　　拾　万　　仟　佰贰拾零元零角零分　　¥ 20.00

| 销售单位<br>(盖章) | 收票人<br>郑中(盖章) | 备注 | 现金付讫 |
|---|---|---|---|

第二联　(收据)购票单位报销凭证

### 表 8.6  山东省增值税专用发票

（发票联）

开票日期：2011 年 1 月 5 日　　　　No. 45789760

<table>
<tr><td rowspan="2">购货单位</td><td>名称</td><td colspan="2">济南明湖钢管厂</td><td>纳税人登记号</td><td colspan="2">110105200711008</td></tr>
<tr><td>开户银行</td><td colspan="2">工行历下支行燕山分理处</td><td>账　号</td><td colspan="2">16020070090341120616</td></tr>
</table>

<table>
<tr>
<td rowspan="2">货物名称</td><td rowspan="2">单位</td><td rowspan="2">数量</td><td rowspan="2">单价</td>
<td colspan="10">金　额</td>
<td rowspan="2">税率/%</td>
<td colspan="8">税　额</td>
</tr>
<tr>
<td>百</td><td>十</td><td>万</td><td>千</td><td>百</td><td>十</td><td>元</td><td>角</td><td>分</td><td></td>
<td>十</td><td>万</td><td>千</td><td>百</td><td>十</td><td>元</td><td>角</td><td>分</td>
</tr>
<tr>
<td>甲材料</td><td>千克</td><td>5 000</td><td>30</td>
<td></td><td>1</td><td>5</td><td>0</td><td>0</td><td>0</td><td>0</td><td>0</td><td>0</td>
<td>17</td>
<td></td><td>2</td><td>5</td><td>5</td><td>0</td><td>0</td><td>0</td><td>0</td>
</tr>
<tr>
<td>乙材料</td><td>千克</td><td>8 000</td><td>25</td>
<td></td><td>2</td><td>0</td><td>0</td><td>0</td><td>0</td><td>0</td><td>0</td><td>0</td>
<td>17</td>
<td></td><td>3</td><td>4</td><td>0</td><td>0</td><td>0</td><td>0</td><td>0</td>
</tr>
<tr>
<td colspan="4">合　计</td>
<td></td><td>3</td><td>5</td><td>0</td><td>0</td><td>0</td><td>0</td><td>0</td><td>0</td>
<td></td>
<td></td><td>5</td><td>9</td><td>5</td><td>0</td><td>0</td><td>0</td><td>0</td>
</tr>
</table>

| 价税合计（大写） | 肆拾万零玖仟伍佰元整　　¥409 500.00 |
|---|---|

<table>
<tr><td rowspan="2">销货单位</td><td>名称</td><td>济南三元有限公司</td><td>纳税人登记号</td><td></td></tr>
<tr><td>地址、电话</td><td></td><td>开户银行及账号</td><td></td></tr>
<tr><td>备注</td><td colspan="3"></td></tr>
</table>

收款人：　　　　　　　　　　　　　　　开票单位（盖章无效）

### 表8.7　山东省增值税专用发票
#### （抵扣联）

开票日期:2011 年 1 月 5 日　　　　No.45789760

| 购货单位 | 名称 | 济南明湖钢管厂 | | 纳税人登记号 | | 110105200711008 | | | | | | | |
|---|---|---|---|---|---|---|---|---|---|---|---|---|---|
| | 开户银行 | 工行历下支行燕山分理处 | | 账　号 | | 1602007009034120616 | | | | | | | |

| 货物名称 | 单位 | 数量 | 单价 | 金额 | | | | | | | | | 税率/% | 税额 | | | | | | | |
|---|---|---|---|---|---|---|---|---|---|---|---|---|---|---|---|---|---|---|---|---|---|
| | | | | 百 | 十 | 万 | 千 | 百 | 十 | 元 | 角 | 分 | | 十 | 万 | 千 | 百 | 十 | 元 | 角 | 分 |
| 甲材料 | 千克 | 5 000 | 30 | | 1 | 5 | 0 | 0 | 0 | 0 | 0 | 0 | 17 | | 2 | 5 | 5 | 0 | 0 | 0 | 0 |
| 乙材料 | 千克 | 8 000 | 25 | | 2 | 0 | 0 | 0 | 0 | 0 | 0 | 0 | 17 | | 3 | 4 | 0 | 0 | 0 | 0 | 0 |
| 合　计 | | | | | 3 | 5 | 0 | 0 | 0 | 0 | 0 | 0 | | | 5 | 9 | 5 | 0 | 0 | 0 | 0 |

| 价税合计（大写） | 肆拾万零玖仟伍佰元整　　　￥409 500.00 |
|---|---|

| 销货单位 | 名称 | 济南三元有限公司 | 纳税人登记号 | |
|---|---|---|---|---|
| | 地址、电话 | | 开户银行及账号 | |
| 备注 | | | | |

收款人：　　　　　　　　　　　　　　　　　　开票单位（盖章无效）

5——3/4

**表8.8　山东省公路货运专用发票(乙)**

发　票　联　　鲁地税　No.×××××××

托运单位:济南三元有限公司　　　　地址:济南　　　　　　　2011 年 1 月 5 日

| 卸货地点 | 济南 | | | 济南明湖钢管厂 | | 地　址 | 济南历下区 | | 电　话 | | |
|---|---|---|---|---|---|---|---|---|---|---|---|

| 货物名称 | 包装 | 件数 | 实际重量/千克 | 货物等级 | 计费里程 | 运价率 | 运输费金额 | 其他杂费 | | 运杂费小　计 |
|---|---|---|---|---|---|---|---|---|---|---|
| | | | | | | | | 费目 | 金额 | |
| 甲、乙材料 | | | | | | | 1 000.00 | | 370 | 1 370.00 |

备　注　费用未结算

填票人:×××　　　　　收款人:×××　　　　　　单位名称:(盖章)

济南运输公司
财务专用章

5——4/4

**表8.9　材料验收单**

材料科目:原材料

供应单位:济南三元有限公司　　　　2011 年 1 月 5 日　　　　　　收料仓库:2

| 材料名称 | 单位 | 数　量 | | 实　际　成　本 | | | | | | 备注 |
|---|---|---|---|---|---|---|---|---|---|---|
| | | 应收 | 实收 | 买　价 | | 运杂费 | 其他 | 合　计 | 单位成本 | |
| | | | | 单价 | 金额 | | | | | |
| 甲材料 | 千克 | 5 000 | 5 000 | 30.00 | 150 000 | ( ) | — | ( ) | ( ) | |
| 乙材料 | 千克 | 8 000 | 8 000 | 25.00 | 200 000 | ( ) | — | ( ) | ( ) | |
| 合　计 | | | | | | | | | | |

记账:×××　　　　　　收料:××　　　　　　　制单:××

6——1/2

**表8.10　山东省增值税专用发票　No.××××××××**

（记账联　销货方记账凭证）　　　　开票日期:2011 年 1 月 6 日

| 购货单位 | 名　　　称:山东外贸股份有限公司<br>纳税人识别号:××××××××<br>地址、电话:×××××××<br>开户行及账号:××××××× | | | | | | 密码区 | |
|---|---|---|---|---|---|---|---|---|

| 货物或应税<br>劳务名称 | 型号 | 单位 | 数　量 | 单　价 | 金　额 | 税率<br>/% | 税　额 |
|---|---|---|---|---|---|---|---|
| A 产品 | | 件 | 2 000 | 100.00 | 200 000.00 | 17 | 34 000.00 |
| B 产品 | | 件 | 1 800 | 200.00 | 360 000.00 | 17 | 61 200.00 |
| 合　计 | | | | | 560 000.00 | | 95 200.00 |

价税合计（大写）陆拾伍万伍仟贰佰元整　　　　　　　　　￥655 200.00

| 销货单位 | 名　　　称:济南明湖钢管厂<br>纳税人识别号:110105200711008<br>地址、电话:×××××<br>开户行及账号:工行历下支行燕山分理处 16020070090341206 | 备注 |
|---|---|---|

收款人:×××　　　　复核:××　　　　开票人:××　　　　销货单位:(章)

6——2/2

**表 8.11　中国工商银行进账单（收账通知）**

2011 年 1 月 6 日　　　第　　号

| 出票人 | 全　称 | 山东外贸股份有限公司 | 持票人 | 全　称 | 济南明湖钢管厂 |
|---|---|---|---|---|---|
| | 账　号 | ×××××××××× | | 账　号 | 16020070090341206 |
| | 开户银行 | ×××××××× | | 开户银行 | 工行历下支行燕山分理处 |

| 人民币（大写） | 陆拾伍万伍仟贰佰元整 | 千 | 百 | 十 | 万 | 千 | 百 | 十 | 元 | 角 | 分 |
|---|---|---|---|---|---|---|---|---|---|---|---|
| | | | ¥ | 6 | 5 | 5 | 2 | 0 | 0 | 0 | 0 |

| 用途 | 销货款 | |
|---|---|---|
| 张数 | 1 | 中国工商银行济南历下支行 燕山分理处 2011.01.06 |
| 票据种类 | | 持票人开户银行盖章　收讫 |
| 主管　会计　复核　记账 | | |

7——1/2

**表 8.12　中国工商银行　现金支票存根**

编号:0136112279

出票日期:2011 年 1 月 9 日

| 收款人:济南明湖钢管厂 |
|---|
| 金　额:46 000.00 |
| 用　途:工资 |
| 单位主管:乙　　会计:甲 |

济南明湖钢管厂 财务专用章

7——2/2

### 表8.13 2011年1月份工资结算发放明细表

单位:济南明湖钢管厂  2011年1月9日

| 编号 | 姓名 | 基本工资 | 超产奖 | 岗位补贴 | 出勤补贴 | 全月应发工资 | 代扣款项 | | | 月终实发 | 领款人签字 |
|---|---|---|---|---|---|---|---|---|---|---|---|
| | | | | | | | 养老保险 | 医疗保险 | 住房公积金 | | |
| 1 | 略 | 略 | 略 | 略 | 略 | 略 | 略 | 略 | 略 | 略 | 略 |
| 2 | | | | | | | | | | | |
| 3 | | | | | | | | | | | |
| | | | | | | | | | | | |
| | 略 | 略 | 略 | 略 | 略 | 略 | 略 | 略 | 略 | 略 | 略 |
| | 合计 | | | | | | | | | 46 000.00 | |

8——1/3

### 表8.14 山东省增值税专用发票  No.×××××××××

（记账联 销货方记账凭证）开票日期:2011年1月11日

| 购货单位 | 名　　　称:金达股份有限公司 | | | | | | | 密码区 | |
|---|---|---|---|---|---|---|---|---|---|
| | 纳税人识别号: | | | | | | | | |
| | 地　址、电话: | | | | | | | | |
| | 开户行及账号: | | | | | | | | |

| 货物或应税劳务名称 | 型号 | 单位 | 数量 | 单价 | 金　额 | 税率/% | 税　额 |
|---|---|---|---|---|---|---|---|
| A产品 | | 件 | 2 000 | 100.00 | 200 000.00 | 17 | 34 000.00 |
| B产品 | | 件 | 1 000 | 200.00 | 200 000.00 | 17 | 34 000.00 |
| 合计 | | | | | 400 000.00 | | 68 000.00 |

| 价税合计(大写)肆拾陆万捌仟元整 | ￥468 000.00 |
|---|---|

| 销货单位 | 名　　　称:济南明湖钢管厂 | 备注 |
|---|---|---|
| | 纳税人识别号:110105200711008 | |
| | 地　址、电话:×××××× | |
| | 开户行及账号:工行历下支行燕山分理处 16020070090341206 | |

收款人:×××　　　复核:×××　　　开票人:××　　　销货单位:(章)

表 8.15　托收承付凭证(回　单)　　　　　　　　第　号

委托日期:2011 年 1 月 11 日　　　　　　　　　　　托收号码:

| 付款人 | 全　称 | 金达股份有限公司 | 收款人 | 全　称 | 济南明湖钢管厂 | | |
|---|---|---|---|---|---|---|---|
| | 账　号或地址 | | | 账　号 | 16020070090341206 | | |
| | 开户银行 | | | 开户银行 | 工行历下支行燕山分理处 | 行号 | |

| 委托金额 | 人民币(大写)肆拾陆万玖仟贰佰元整 | | 千 | 百 | 十 | 万 | 千 | 百 | 十 | 元 | 角 | 分 |
|---|---|---|---|---|---|---|---|---|---|---|---|---|
| | | ¥ | | 4 | 6 | 9 | 2 | 0 | 0 | 0 | 0 | |

| 附　件 | 商品发运情况 | 合同名称号码 |
|---|---|---|
| 附寄单证张数或册数 | 已发运 | 中国工商银行济南历下支行燕山分理处 2011、01、11 收讫 收款人开户银行(盖章) |

| 备注: | 款项收妥日期 | |
|---|---|---|
| | 年　月　日 | 年　月 |

单位主管　　　　　会计　　　　　复核　　　　　记账

表 8.16　中国工商银行

转账支票存根

编号:0157412866

出票日期:2011 年 1 月 11 日

| 收款人:济南运输公司 |
|---|
| 金　额:1 200.00 |
| 用　途:代垫运费 |

单位主管:乙　　　　会计:甲

9——1/2

### 表8.17 收　　据
2011 年 1 月 12 日

今收到：山东外贸股份有限公司

人民币 壹万元整　　　　　¥ 10 000.00

用途：预收货款

单位盖章：　　会计:甲　　出纳:丙　　经手人:丁

9——2/2

### 表8.18 中国工商银行进账单（收账通知）
2011 年 1 月 12 日　　　　第　号

| 出票人 | 全　称 | 山东外贸股份有限公司 | 持票人 | 全　称 | 济南明湖钢管厂 |
|---|---|---|---|---|---|
| | 账　号 | ×××××××××× | | 账　号 | 16020070090341206 |
| | 开户银行 | ×××××××××× | | 开户银行 | 工行历下支行燕山分理处 |

| 人民币（大写） | 壹万元整 | 千 | 百 | 十 | 万 | 千 | 百 | 十 | 元 | 角 | 分 |
|---|---|---|---|---|---|---|---|---|---|---|---|
| | | | | ¥ | 1 | 0 | 0 | 0 | 0 | 0 | 0 |

| 用途 | 预收货款 |
|---|---|
| 张数 | 1 |
| 票据种类 | |

中国工商银行济南历下支行
燕山分理处
2011、01、12
收讫

持票人开户银行盖章

主管　会计　复核　记账

155

**表8.19 中国工商银行**

转账支票存根

编号:02574128655

出票日期:2011 年 1 月 18 日

| 收款人:济南华达广告有限公司 |
|---|
| 金 额:2 300.00 |
| 用 途:付广告费 |

单位主管:乙　　　　　　　　　　会计:甲

**表8.20 山东省广告行业统一收费收据**

2011 年 1 月 18 日

| 交款单位 | 济南明湖钢管厂 | 支付方式 | 转账支票 |
|---|---|---|---|
| 金 额: 人民币(大写)贰仟叁佰元整 | | | ¥ 2 300.00 |
| 收费项目 | 户外广告费 | 许可证号 | |
| 收费标准 | | 计费基数 | |
| 备 注 | | 收款单位 | 济南华达广告有限公司 |

会计主管:×××　　　　　　　　出纳:×××　　　　　　　　制单:×××

**表8.21 山东省济南市饮食业专用定额发票发票联**

山东省济南市饮食业专用定额发票

发 票 联

鲁 地 税 济 字 (2011A20—1)　　　　　No 0122731

客 户 名 称:济南明湖钢管厂

人 民 币　　　　　　　　　　　　壹佰元

收 款 单 位(盖章)

收 款 人　　　　　　　　　　　2011 年 1 月 20 日

(单位负责人签字:招待用餐,同意报销)　　　　(盖章有效)

**表 8.22　山东省潍坊市饮食业专用定额发票发票联**

山东省潍坊市饮食业专用定额发票
发 票 联

鲁 地 税 济 字 （2011A20—1）　　　　　No　1283930
客 户 名 称：济南明湖钢管厂
人 民 币　　　　　　　　　　　　　　　　　　贰佰元
收 款 单 位(盖章)
收 款 人　　　　　　　　　　　　　　2011 年 1 月 20 日

（单位负责人签字：招待用餐，同意报销）　　　　　（盖章有效）

**表 8.23　差 旅 费 报 销 单**

单位名称：办公室　　　　　　　　报销日期：2011 年 1 月 22 日

| 姓　名 | 陈衡 | 报销项目 | 单据张数 | 金　额 | 备　注 |
|---|---|---|---|---|---|
| | | 飞机票 | 2 | 1 370.00 | |
| 出差地点 | 南京 | 汽车票 | 6 | 3.00 | |
| | | 三轮车票 | 1 | 3.00 | |
| 出差事由 | 参加订货会 | 船票 | 2 | 80.00 | |
| | | 旅馆票 | 1 | 400.00 | |
| 出差日期 | 自 1 月 11 至 1 月 12 日 | 其他 | | | |
| | 共 2 天 | 住宿费(每日标准:12 元) | | 24.00 | |
| | 夜间乘车　夜 | 合　计 | 12 | ￥1 880.00 | |

合计金额(大写)：壹仟捌佰捌拾零元零角零分

部门或负责人(签章)丁黎　　　　　　　结算人：陈衡

**表 8.24 收　据**

2011 年 1 月 22 日

今收到：陈衡

人民币 壹佰贰拾元整　　　　　　¥120.00

用途：交回差旅费余款

*济南明湖钢管厂*
*财务专用章*

单位盖章：　　　　会计:甲　　　出纳:丙　　　经手人:陈衡

**表 8.25　济南市财政局**

行政事业性收费统一票证

缴款单位:济南明湖钢管厂　　　2011 年 1 月 23 日　　　　市财政甲字　　号

| 收费内容 | 计费数量 | 收费标准 | 金　额 | 说　明 |
|---|---|---|---|---|
| 排污费 | 立方米 | 1/0.2 | 20 000.00 | |
| | | | | |
| *济南市财政局* *财务专用章* 合计 | | | ¥20 000.00 | |
| 合计人民币（大写）贰万元整 | | | | |

收款单位（章）　　　　　　　　　　　　　　　　　　收款人（章）

13——2/2

表 8.26 委托银行收款结算凭证

委邮

（付款通知）

委收号码第 00452 号

付款期限 2011 年 1 月 30 日

委托日期 2011 年 1 月 20 日

| 收款单位 | 全　称 | 济南污水排放管理处 | 付款单位 | 全　称 | 济南明湖钢管厂 |
|---|---|---|---|---|---|
| | 账　号 | 40150 | | 账　号 | 16020070090341206 |
| | 开户银行 | 工行历下支行 | | 开户银行 | 工行历下支行燕山分理处 |
| 委收金额 | 人民币（大写）贰万元整 | | | | ￥20 000.00 |
| 款项内容 | 排污 | 委托收款凭据名称 | | 附寄单证张数 | 01、231 |
| 备注：银行结算专用章 | | 付款单位注意： | | | |

中国工商银行济南历下支行
燕山分理处
付讫

单位主管　　　会计　　　复核　　　记账　　　付款单位开户银行盖章

14——1/2

表 8.27 收　据

2011 年 1 月 25 日　　　　　　　　　　No.70512

| 缴款单位 | 济南明湖钢管厂 | 款项内容 | 学费 |
|---|---|---|---|
| 人民币（大写） | 叁仟叁佰元整 | | ￥3 300.00 |

| 收款单位（盖章）财务专用章 | 济南冶金技术学院 | 收款人 | 赵有成 | 备注 | 赞助 |
|---|---|---|---|---|---|

**表8.28　存根**

```
中国工商银行
转账支票存根
ⅩⅡ04448661
科　　目 _____
对方科目 _____
出票日期 2011 年 1 月 25 日

收款:济南冶金学院

金额:3 300.00

用途:赞助学院学费

单位主管 乙　　　　会 计 甲
```

**表8.29　领料汇总表**

2011 年 1 月 31 日　　　　　　　　　　　　单位:千克

| 材料种类 | 领料用途及部门 | | | | | | | | | 金额合计 |
| --- | --- | --- | --- | --- | --- | --- | --- | --- | --- | --- |
| | A 产品 | | | B 产品 | | | 生产车间 | | | |
| | 数量 | 单价 | 金额 | 数量 | 单价 | 金额 | 数量 | 单价 | 金额 | |
| 甲材料<br>乙材料 | 3 000 | （　　） | | <br>4 000 | | <br>（　　） | | | | （　　）<br>（　　） |
| 合　计 | | （　　） | | | （　　） | | | | | （　　） |

16——1/1

### 表8.30 工资结算总表

2011 年 1 月 31 日 单位:元

| 部门人员类别 | | 略 | 应 发 |
|---|---|---|---|
| 部门名称 | 人员类别 | | |
| 生产车间 | A 产品 | | 25 000.00 |
| | B 产品 | | 20 000.00 |
| | 管理人员 | | 10 000.00 |
| 行政管理部门 | | | 15 000.00 |
| 合 计 | | | 70 000.00 |

17——1/1

### 表8.31 固定资产折旧费用分配表

2011 年 1 月 31 日 单位:元

| 使用部门 | 项 目 | 固定资产原值(略) | 月折旧率(略) | 月折旧额 |
|---|---|---|---|---|
| 生产车间 | 厂房 | | | 1 000.00 |
| | 机器设备 | | | 2 000.00 |
| | 其他设备 | | | 500.00 |
| | 小计 | | | 3 500.00 |
| 管理部门 | 房屋建筑物 | | | 1 200.00 |
| | 交通工具 | | | 2 000.00 |
| | 小计 | | | 3 200.00 |
| 合 计 | | | | 6 700 |

18——1/1

表8.32  制造费用分配表

2011 年 1 月 31 日

| 产品名称 | 生产工人工资 | 分配率 | 分配金额 |
|---|---|---|---|
| A 产品 | （    ） | （    ） | （    ） |
| B 产品 | （    ） | （    ） | （    ） |
| 合　计 | （    ） | （    ） | （    ） |

19——1/2

表8.33  完工产品成本汇总计算表

2011 年 1 月 31 日

| 成本项目 | A 产品 | | | B 产品 | | |
|---|---|---|---|---|---|---|
| | 数量/件 | 单位成本 | 总成本 | 数量/件 | 单位成本 | 总成本 |
| 产品生产成本 | 3 000 | （    ） | （    ） | 5 000 | （    ） | （    ） |

说明:产品全部完工。

19——2/2

表8.34  完工产品入库汇总表

2011 年 1 月 31 日

| 产品名称 | 规格型号 | 单　位 | 数　量 | 单　价 | 金　额 | 备　注 |
|---|---|---|---|---|---|---|
| A 产品 | | 件 | 3 000 | （    ） | （    ） | |
| B 产品 | | 件 | 5 000 | （    ） | （    ） | |
| 合　计 | | | | | | |

生产车间:××××　　　　　　　　　　　　　　　　保管员:张强

表 8.35　固定资产报废单

2011 年 1 月 31 日

| 固定资产名称 | 规格型号 | 单位 | 数量 | 预计使用年限 | 已使用年限 | 原始价值 | 已提折旧 | 备注 |
|---|---|---|---|---|---|---|---|---|
| 钻　床 |  | 台 | 1 | 24 | 23 | 24 000 | 23 000 |  |

| 固定资产状况及报废原因 | 因陈旧，不能继续使用 | | | |
|---|---|---|---|---|
| 处理意见 | 使用部门 | 技术鉴定小组 | 固定资产管理部门 | 主管部门审批 |
| | 因设备陈旧 | 情况属实 | 同意转入清理 | 同意报废 |

表 8.36　入库单

2011 年 1 月 31 日

收料单位：低值易耗品库

| 名　称 | 规　格 | 计量单位 | 数　量 | 实际成本 | | 备　注 |
|---|---|---|---|---|---|---|
| | | | | 单位成本 | 总成本 | |
| 低值易耗品 |  |  |  |  | 2 700.00 | 固定资产清理的残料 |
| |  |  |  |  |  | |
| 合　计 |  |  |  |  | 2 700.00 | |

### 表8.37　中国工商银行

转账支票存根

编号:02574128658

出票日期:2011 年 1 月 31 日

| 收款人:建筑工程队 |
| 金　额:500.00 |
| 用　途:支付清理费用 |

单位主管:乙　　　　　　会计:甲

### 表8.38　内部转账单

2011 年 1 月 31 日

| 项　　目 | 金　　额 | 备　　注 |
|---|---|---|
| 报废净值 | 1 000.00 | |
| 残料收入 | 2 700.00 | |
| 清理费用 | 500.00 | |
| 清理净损失(或收益) | (　　　) | |

制表:张军　　　　　　　　复核:李圆

### 表8.39　产品销售成本计算表

2011 年 1 月 31 日

| 产品名称 | 用　途 | 单　位 | 数　量 | 单　价 | 金　额 | 备　注 |
|---|---|---|---|---|---|---|
| A 产品 | 销售 | 件 | (　　) | | (　　) | |
| B 产品 | 销售 | 件 | (　　) | | (　　) | |
| 合　计 | | | | | (　　) | |

22——1/1

**表 8.40　短期借款利息计提表**

2011 年 1 月 31 日

| 月　份 | 计提利息 | 应付利息 |
|--------|----------|----------|
| 1 月 | | 1 000.00 |
| | | |
| 合　计 | | 1 000.00 |

23——1/1

**表 8.41　应交税费计算表**

单位名称:济南明湖钢管厂　　　2011 年 1 月 31 日　　　　金额单位:元

| 税种、税目 | 计税依据 | 适用税率/% | 应交税费 | 备　注 |
|-----------|---------|-----------|---------|-------|
| 应交城建税 | | 7 | （　　　） | |
| 教育费附加 | | 3 | （　　　） | |
| 合　计 | // | | （　　　） | |

财务主管:×× 　　　　　　复核:×× 　　　　　　制表:××

24——1/1

结转损益类收入账户本月发生额。

25——1/1

结转损益类费用支出账户本月发生额。

# 参考文献

［1］会计准则研究组.小企业会计准则解析［M］.大连:大连出版社,2012.

［2］陈梅兰.小企业会计准则操作实务［M］.北京:化学工业出版社,2012.

［3］企业会计准则编审委员会.2013年版小企业会计准则解读——小企业会计准则、小企业会计制度与企业会计准则的比较［M］.上海:立信会计出版社,2013.